4.311

ŒUVRES
DRAMATIQUES
DE
NÉRICAULT DESTOUCHES,
De l'Académie Françoise.

NOUVELLE ÉDITION,

Revûe, corrigée, & augmentée de quatre
Piéces ; & toute semblable à l'Édition de
l'Imprimerie Royale, in-4°. 4 vol.

TOME DIXIÉME.

A PARIS,
Chez PRAULT pere, Quai de Gêvres.

M. DCC. LVIII.
Avec Approbation & Privilége du Roi.

TABLE DES PIÉCES
Contenues dans ce dixiéme Volume.

LE MARI CONFIDENT.

L'ARCHI-MENTEUR, ou LE VIEUX FOU DUPÉ.

DISCOURS ACADÉMIQUES.

LE TOMBEAU DE M. NÉRICAULT DESTOUCHES.

LE MARI
CONFIDENT,
COMÉDIE.

Tome X.   A

ACTEURS.

LE BARON.

LA COMTESSE, fille aînée du Baron.

LE COMTE, mari de la Comtesse.

JULIE, cadette du Baron.

LE MARQUIS DE FLORANGE.

UN LAQUAIS du Comte.

La scène est dans le château du Baron, à quelques lieues de Paris.

LE MARI CONFIDENT,
COMÉDIE.

ACTE PREMIER.

SCENE PREMIERE.

LE BARON, LA COMTESSE.

LE BARON.

ONSOLEZ-vous, le temps est un grand médecin.

LA COMTESSE.

Je ne l'ignore pas ; mais vous voulez en vain
Qu'il efface en trois mois le fidéle Florange.

LE BARON.

Une femme constante ! Oh, rien n'est plus étrange :

LE MARI

C'est même un ridicule en ce temps-ci.

LA COMTESSE.

D'accord;
Mais je suis du vieux temps.

LE BARON.

Il faut faire un effort:
Le devoir, après tout, exige un sacrifice.

LA COMTESSE.

Vous avez prétendu que je vous obéisse,
Et j'ai pris le mari que vous m'avez donné:
Que voulez-vous de plus?

LE BARON.

Je suis tout étonné:
Je n'aurois jamais cru que trois grands mois d'absence
N'eussent pû vous guérir ; & dans votre constance
Je soupçonne bien plus d'opiniâtreté,
De contradiction, que de fidélité.

LA COMTESSE.

Quelle injustice, ô ciel ! Vous savez bien, mon pere,
Que Florange m'aimoit, qu'il avoit sû me plaire,
Que nous nous convenions. Cent fois à vos genoux
J'ai prié, j'ai pleuré pour l'obtenir de vous:
Vous avez durement refusé de m'entendre.
A votre autorité mon cœur fut condescendre,
Et j'acceptai l'époux dont vous aviez fait choix ;
Mais ce cœur ne put pas se soumettre à vos loix,
Et constant malgré moi, me reproche sans cesse
D'avoir trahi pour vous l'objet de sa tendresse.
Florange y régne encor.

LE BARON.

Quoi, m'avoir obéi,
Comme vous le deviez, est-ce l'avoir trahi ?
Pour moi qui ne sens point ni vos feux, ni vos flammes,
Je m'en moque; d'ailleurs la constance des femmes
N'est, selon mon avis, qu'un être de raison,
Et sur-tout à présent: on s'aime sans façon,

On

CONFIDENT.
On aime, on n'aime plus ; toute cérémonie,
Du commerce amoureux, est maintenant bannie.
Vivez pour votre siécle, & par vos feux constans
Ne renouvellez pas la mode du vieux temps.
LA COMTESSE.
Ah, mon pere ! Est-ce là la juste récompense
De mon tendre respect, de mon obéissance ?
Parce que votre cœur n'a jamais rien aimé...
LE BARON.
Quand j'épousai ta mére, il en étoit charmé ;
Mais, ma foi, peu de temps après le mariage
L'Amour nous dit adieu pour faire un long voyage.
Avec bien du plaisir je l'aurois retenu,
Mais depuis son départ il n'est plus revenu.
LA COMTESSE.
Voilà ce qui vous rend insensible à mes peines.
LE BARON.
Enfin l'affaire est faite, & vos plaintes sont vaines.
Après tout, votre époux est un homme d'honneur,
Jeune, aimable, bien fait ; donnez-lui votre cœur,
Et vous serez heureuse.
LA COMTESSE.
En suis-je la maîtresse ?
J'estime mon mari, je l'aime avec tendresse,
Si la simple amitié peut mériter ce nom ;
C'est tout ce que mon cœur accorde à ma raison,
Elle ne peut encore obtenir qu'il se livre,
Fidéle à mon devoir, je fais vœu de le suivre ;
Je le suivrai sans cesse, & sans doute qu'un jour
Il saura parvenir à produire l'amour :
C'est l'objet de mes vœux, & souvent je soupire
De ne pouvoir sur moi gagner assez d'empire.
LE BARON.
Pauvre Comtesse ! au fond tu me fais grand pitié,
Car j'ai toujours pour toi la plus vive amitié.

Tome X.   B

LE MARI

LA COMTESSE.

Je m'en flatte.

LE BARON.

Mon cœur n'est point un cœur de roche,
Et je sens qu'il me fait quelque secret reproche
D'avoir un peu trop loin poussé ma volonté :
C'est que j'étois jaloux de mon autorité ;
J'ai voulu que son droit fût une loi suprème.
Me voilà corrigé, je ne suis plus le même,
Et serai complaisant pour ton aimable sœur.
Autant que mon pouvoir eut pour toi de rigueur,
Autant il se pliera pour ma chere Julie.
Son sort dépendra d'elle.

LA COMTESSE.

Eh ! Je vous en supplie.

LE BARON.

Loin de la traverser, je la seconderai
Dans ses tendres projets, le mieux que je pourrai.
Par mes bontés pour elle il faut que je te venge.
Aime-t-elle quelqu'un ?

LA COMTESSE.

Elle adore Florange.

LE BARON.

Qui ? Ton ancien amant ?

LA COMTESSE.

Lui-même.

LE BARON.

Quel bonheur !
Il ne t'aimera plus.

LA COMTESSE.

Plût au ciel !

LE BARON.

Quoi, son cœur
Est-il encore à toi ?

LA COMTESSE.

Plus que jamais, mon pere.

CONFIDENT.

LE BARON.
Diable ! Voici pour nous une épineuse affaire.
LA COMTESSE.
A rechercher ma sœur, si je puis l'engager,
La lui donnerez-vous ?
LE BARON.
Oui.
LA COMTESSE.
Je veux ménager
Cet accord ; il y va du repos de ma vie,
Et de la sienne aussi.
LE BARON.
Ma foi, j'en meurs d'envie.
J'approuve ton projet, compte sur mon secours.
Comment gagner Florange ? Il t'adore toujours.
LA COMTESSE.
N'ayant plus d'espérance, il changera peut-être.
LE BARON.
L'enverrai-je chercher ?
LA COMTESSE.
Vous en êtes le maître ;
Mais, si je n'y consens, il n'osera venir.
LE BARON.
Marque-lui qu'un moment tu veux l'entretenir :
Pourras-tu t'y résoudre ?
LA COMTESSE.
Oui ; je lui vais écrire,
Si vous voulez, que j'ai quelques mots à lui dire.
LE BARON.
Soit ; mais lui proposer un pareil entretien,
N'est-ce point le flatter ?...
LA COMTESSE.
Il me connoît trop bien
Pour m'oser soupçonner de la moindre foiblesse.
LE BARON.
Je le croi ; mais du moins il faut user d'adresse,

B ij

LE MARI
Afin que ton mari ne puisse pas savoir
Que tu l'as rappellé.
LA COMTESSE.
Moi, trahir mon devoir
En me cachant de lui! Non; je veux au contraire
Que mon mari lui-même approuve cette affaire,
Et que de tous ses soins appuyant mon projet,
Il s'entende avec nous pour en hâter l'effet.
LE BARON.
J'admire ta prudence autant que ton courage,
Et pour le temps présent tu me parois trop sage.
Voici le Comte; adieu.
LA COMTESSE.
Pourquoi donc sortez-vous?
Faites-moi le plaisir de rester avec nous :
Je pourrai lui parler avec plus d'assurance,
Si vous êtes témoin de notre conférence.
Le pas est délicat; votre approbation
Fera mieux agréer ma proposition.
LE BARON.
Eh bien, je reste donc.

SCENE II.

LE COMTE, LA COMTESSE, LE BARON.

LE COMTE *parlant de loin.*
Vous conf́eriez ensemble;
Et mon abord ici vous interrompt, me semble.
LE BARON.
Vous vous trompez, mon cher, car nous vous souhaitions.

CONFIDENT.

Il faut vous informer de ce que nous difions.
LE COMTE.
De quoi s'agit-il donc?
LE BARON.
D'une importante affaire,
Dont je voulois d'abord qu'on vous fît un myſtére.
LE COMTE *voulant ſortir.*
Ne m'en dites donc rien.
LE BARON *le retenant.*
Pardonnez-moi vraiment ;
Ma fille eſt ſur cela d'un autre ſentiment.
LE COMTE.
[*à la Comteſſe.*]
Peut-être a-t-elle tort. Vous avez tort, je gage.
LE BARON.
Vous perdriez, mon cher ; car la fille eſt plus ſage
Que le pere.
LA COMTESSE *au Baron.*
Eh, Monſieur…
LE BARON.
Je parle tout de bon.
[*au Comte.*]
Allez, pour une femme, elle a de la raiſon.
LA COMTESSE *regardant le Comte.*
Si Monſieur en convient, je le croirai peut-être.
LE BARON *à la Comteſſe.*
Ma foi, vous gagnez tant à vous faire connoître,
Que, qui vous connoîtra, penſera comme moi.
Comte, qu'en dites-vous? Parlez de bonne foi.
LE COMTE *en ſouriant.*
Ce que j'en dis?
LA COMTESSE.
Il va me louer, j'en ſuis ſûre ;
[*au Comte.*]
Car il raille toujours. Eh bien, Monſieur?

LE COMTE.

Je jure
Que je vais vous parler très-sérieusement.

LA COMTESSE.

Ah ! J'attens donc de vous un fort beau compliment;
Vous allez du haut style exalter ma sagesse;
Parlez.

LE COMTE *d'un air sérieux.*

Je blesserois votre délicatesse,
Si je disois ici toutes vos vérités.

LA COMTESSE *en souriant.*

Eh, que me diriez-vous ?

LE COMTE.

Ce que vous méritez
Qu'on vous dise, Madame.

LA COMTESSE *d'un air sérieux.*

Ah ! soyez donc sincere.

LE COMTE.

Ne m'en pressez pas tant, je pourrois vous déplaire.

LE BARON.

Quoi, vous plaignez-vous d'elle ?

LE COMTE.

Un jour je parlerai.

LA COMTESSE.

Dites-moi mes défauts, je m'en corrigerai.

LE COMTE.

Vos défauts ?

LA COMTESSE.

Oui.

LE COMTE *d'un ton vif.*

Morbleu, faites les donc paroître;
Vous les cachez si bien qu'on ne peut les connoître :
Je n'aperçois en vous que talens, que vertus,
Et tant de rares dons que j'en suis tout confus.

LE BARON.

Le pauvre homme !

CONFIDENT.

LA COMTESSE *au Comte.*
Fort bien ; louez-moi.

LE COMTE.
Moi, Madame ?
Je ne suis pas si sot que de louer ma femme ;
Et je respecte trop le siécle où je suis né,
Pour oser me piquer d'un goût si suranné.

LE BARON.
Vous avez beau railler ; avouez, mon cher Comte,
Que vous l'aimez.

LE COMTE.
Qui, moi ?

LE BARON.
Vous.

LA COMTESSE *au Baron.*
Vous lui faites honte ;
Il aimeroit sa femme ! Il s'en gardera bien.

LE COMTE *d'un air froid.*
Je pourrois vous aimer, mais on n'en sauroit rien :
Cela se répandroit, on m'en feroit un crime.

LE BARON *à la Comtesse.*
Au fond, il a raison.

LE COMTE.
Passe pour de l'estime,
J'en ai conçu pour vous, & ne m'en cache pas
Entre nous ; mais ailleurs, je le dirois bien bas.

LE BARON.
Vous feriez sagement.

LA COMTESSE *en soupirant.*
Peu digne d'être aimée,
Je voudrois mériter au moins d'être estimée ;
Mais vous avez un goût si délicat...

LE COMTE.
Comment,
Vous plaisantez aussi ?

B iiij

LE MARI

LA COMTESSE.

Moi, Monsieur? nullement.

LE COMTE.

Oh, si vous me fâchez, je vais d'un ton gothique
Faire ici tout de bon votre panégyrique,
Et dire à haute voix ce que je vous ai tu.

LE BARON.

Avouez seulement que sa rare vertu
Vous a frappé.

LE COMTE.

Faut-il vous en donner la preuve?
Il ne tiendra qu'à vous de me mettre à l'épreuve.

LE BARON.

Hé bien donc, sur le champ on va vous éprouver.

LA COMTESSE *au Comte*,
baissant les yeux.

Vous savez que Florange...

LE BARON *en riant.*

Elle n'ose achever.

LE COMTE *à la Comtesse.*

Vous vous aimiez tous deux, voyez le beau mystere;
Si vous me l'eussiez dit...

LA COMTESSE.

Je crus devoir me taire.

LE COMTE.

Vous auriez éprouvé que j'ai le cœur trop bon
Pour avoir abusé des bontés du Baron:
Je ne vous aurois point enlevée à Florange.
Si vous l'aimez encor, cela n'est point étrange;
Mais de quoi s'agit-il?

LE BARON.

Mon cher Comte, entre nous,
Ce qu'on va proposer peut vous rendre jaloux.

LE COMTE.

Moi, jaloux? Oh! Parbleu, ce propos-là me charme;
J'ose vous défier de me donner l'alarme.

Pour causer ce soupçon, qu'ai-je dit ? qu'ai-je fait ?
LA COMTESSE.
Rien du tout.
LE COMTE.
Hé bien donc, parlez-moi.
LE BARON.
Le sujet
Dont on va vous parler, est propre à faire naître
Quelque scrupule.
LE COMTE.
A moi ?
LE BARON.
Oui.
LE COMTE.
Quoi que ce puisse être,
Je vous promets que non, & vous en fais serment.
LE BARON.
Je reviens donc, ma fille, à votre sentiment.
LA COMTESSE *au Comte.*
Vous savez à quel point je brûle de me vaincre,
Je vous l'ai déja dit, il faut vous en convaincre :
Apprenez donc d'abord qu'en perdant tout espoir,
Florange n'a pas pû renoncer à me voir ;
Qu'ayant pendant un temps évité ma présence,
Il ne s'est point guéri par une longue absence,
Et que depuis hier, de retour à Paris,
Il m'écrit ce billet.
LE COMTE *après l'avoir lû.*
Je ne suis point surpris
De le voir si constant, je le serois de même.
LA COMTESSE.
Sa constance me cause une douleur extrême,
Et m'embarrasse fort.
LE COMTE.
Vous Madame ? Et pourquoi ?

LA COMTESSE.

Je veux abſolument le détacher de moi ;
Et le plus sûr moyen de guérir sa folie,
Seroit de l'engager à rechercher Julie ;
Mais, tant qu'il m'aimera, pourrai-je m'en flatter ?

LE COMTE.

L'entreprise est louable, on pourroit la tenter,
Si votre sœur avoit du penchant pour Florange.

LA COMTESSE.

Ma sœur l'aime.

LE COMTE.

Bon, bon.

LE BARON.

Qu'y trouvez-vous d'étrange ?
Rien n'est si naturel.

LA COMTESSE.

De plus, elle le dit.

LE COMTE.

Pure plaisanterie. Elle a beaucoup d'esprit,
Elle est vive, elle est gaie & d'une humeur charmante ;
Mais je la crois volage, & même indifférente.
Peut-elle de quelqu'un s'entêter tout de bon ?

LE BARON.

Au fond, j'en doute fort.

LA COMTESSE.

C'est sans nulle raison ;
Elle aime éperdument.

LE COMTE.

Florange ?

LA COMTESSE.

Oui.

LE BARON.

La Comtesse
Veut qu'il soit son beau-frere, & vivement me presse
D'adopter son projet, qui ne me déplaît pas.
Mais qui l'entamera ! C'est-là mon embarras ;

Car il ne convient point qu'un pere de famille
Aille chercher un gendre & proposer sa fille.
   [au Comte.]
Si vous le connoissiez, vous pourriez lui parler.
            LE COMTE.
Je ne l'ai jamais vû.
            LE BARON.
               Comment le rappeler
Céans?
            LE COMTE.
      Bel embarras! Rappelez-le vous-même,
Madame, écrivez-lui.
            LA COMTESSE.
               Mais vous voyez qu'il m'aime;
Tout maltraité qu'il est : si je fais ce pas-là,
Il va s'imaginer...
            LE COMTE.
            Eh, qu'importe cela?
Pressez-le de venir, parlez-lui tête à tête,
Vantez-lui vivement sa nouvelle conquête;
Elle est digne de lui, tout au moins.
            LA COMTESSE.
                  Il est vrai,
Mais c'est de vos bontés faire un étrange essai;
Il peut vous tourmenter.
            LE COMTE.
               O la plaisante idée!
Une fois pour toujours, soyez persuadée
Qu'un homme tel que moi, dès qu'il est votre époux,
Doit trop vous estimer pour devenir jaloux.
            LA COMTESSE.
Je ne mérite pas...
            LE COMTE.
            Ah! Petite coquette,
Vous voulez des douceurs? Soyez donc satisfaite;

LE MARI

Quoique votre mari, je sens bien que mon cœur
Vous est... j'en dirois trop, je frise la fadeur.
Dois-je pour vos beaux yeux me rendre ridicule ?
En un mot comme en cent, n'ayez aucun scrupule,
Répondez à Florange, & pressez-le bien fort
De venir vous rejoindre au plus tôt.

LA COMTESSE.

       Si j'ai tort
D'écrire ce billet, vous en aurez le blâme ;
Et si vous m'en croyez...

LE COMTE *affectant un air haut.*

     Obéissez, ma femme.

LE BARON.

Ah ! J'aime ce ton-là ; c'est le ton d'un mari.

LA COMTESSE.

Qui mérite mon cœur.

LE COMTE.

     Quand il sera guéri,
Nous troquerons ensemble. Holà, ho, Lafontaine.

SCENE III.

LAFONTAINE, LE COMTE, LA COMTESSE, LE BARON.

LE COMTE *à Lafontaine.*
    [*à la Comtesse.*]

Approche cette table. Et vous, prenez la peine
De vous placer ici pour écrire deux mots.

LE BARON.

Je vais donc vous laisser.

LA COMTESSE *au Baron.*

      Non ; il est à propos,

CONFIDENT.

Monsieur, que vous sachiez ce que nous allons dire
[au Comte.]
A Florange. Dictez, & moi je vais écrire.

LE COMTE.

Moi, vous dicter ?

LA COMTESSE.
Vous-même.

LE COMTE.
Ah!

LA COMTESSE.
Je l'entens ainsi.
Lafontaine, empêchez que quelqu'un n'entre ici.

LAFONTAINE.

Cela suffit.

LA COMTESSE.
A moins que ce ne fût Julie.
Entendez-vous?

LAFONTAINE.
J'entens.
[Il sort.]

SCENE IV.

LE COMTE, LA COMTESSE, LE BARON.

LA COMTESSE *prête d'écrire*.

Allons, je vous supplie,
Commençons.

LE COMTE *d'un ton ampoulé*.
Écrivez.

LA COMTESSE *la plume à la main.*

Mais ne badinez point;
Car votre esprit railleur siéroit mal sur ce point.
[*Il dicte.*] LE COMTE.
Non, non. Quoi, vous pouvez aimer une infidelle?
LA COMTESSE.
Fort bien.

LE COMTE *dictant.*
Car je le suis, ou dois l'être du moins;
Et le devoir me prodigue ses soins
Pour m'aider à me vaincre: ô victoire cruelle!
LA COMTESSE *se levant.*
Ah! Je n'écrirai point cette exclamation.
LE COMTE.
Écrivez, s'il vous plaît, point de réflexion.
LA COMTESSE.
Mais, Monsieur...
LE COMTE.
Mais, Madame...
LA COMTESSE.

Il faut lui faire croire
Que mon cœur au devoir a cédé la victoire.
LE BARON.
La Comtesse a raison.
LA COMTESSE.

Sans doute; & je prétens...
LE COMTE.
C'est mon affaire à moi; ne perdons point de temps.
LA COMTESSE.
Continuez, Monsieur.
LE COMTE *dictant.*

O victoire cruelle!
Mon mari m'aime à la fureur.
LA COMTESSE *vivement.*
Tout de bon?

LE BARON *d'un air joyeux.*
Par hasard il vient d'ouvrir son cœur.
LE COMTE *au Baron.*
Bon ! C'est elle qui parle, il faut la laisser dire.
LA COMTESSE.
Cet endroit-là me plaît, & je vais le redire.
[*d'un air ampoulé.*]
Mon mari m'aime à la fureur.
LE COMTE *dictant.*
Et je lui dois une aussi vive ardeur.
LE BARON.
Bien dit.
LE COMTE *dictant.*
Cachez-moi donc que vous m'aimez encore;
Pour mon repos, il faut que je l'ignore.
D'un amour sans espoir tâchez de vous guérir.
De mes conseils je veux vous secourir;
C'est un projet que la Vertu m'inspire.
Venez me voir incessamment.
Ce sera pour nous deux un terrible moment;
Mais malgré le danger, j'ai deux mots à vous dire.
LA COMTESSE.
Le danger ! Vous voulez que j'écrive cela ?
LE COMTE.
On ne peut mieux finir que par ce terme-là.
Il faut une pensée à la fin d'une lettre.
LA COMTESSE.
D'accord; mais celle-ci, dois-je me la permettre ?
LE COMTE *lui prenant la lettre.*
Çà, relisons un peu tout ce que j'ai dicté.
LA COMTESSE
voulant reprendre la lettre.
Bon ! Relire, Monsieur, quelle nécessité ?
LE COMTE *lisant.*
Quoi, vous pouvez aimer une infidelle ?
Car je le suis, ou veux l'être du moins;

Et la Raison me prodigue ses soins
Pour m'aider à me vaincre, & n'écouter plus qu'elle.
Et n'écouter plus qu'elle ! Ai-je dicté ces mots ?
LA COMTESSE.
Dictés, ou non dictés, ils sont plus à propos
Que l'exclamation dont j'étois offensée.
LE BARON.
Elle étoit vive, au fond ; j'entre dans sa pensée.
LE COMTE *continuant de lire.*
Mon mari m'aime à la fureur ;
J'ose le croire, & j'en fais mon bonheur.
[*à la Comtesse.*]
Cette phrase est de vous.
LE BARON *au Comte.*
Je croi qu'elle vous flatte.
Et j'en fais mon bonheur ! Elle n'est point ingrate
Cette bonne Comtesse. Au comble de ses vœux,
Elle se croit heureuse en vous rendant heureux.
[*à la Comtesse qui approuve en souriant.*]
Dis-je bien ?
LE COMTE *continuant de lire.*
Cachez-moi que vous m'aimez encore ;
Pour votre gloire, il faut que je l'ignore.
Pour votre gloire !
LA COMTESSE.
Oui.
LE COMTE.
Belle correction !
Pour mon repos avoit bien plus d'expression.
LE BARON.
Il est vrai, j'y trouvois un peu plus d'énergie.
LA COMTESSE.
Oui ; mais cela faisoit une tendre élégie.
LE COMTE *continuant de lire.*
En perdant tout espoir, vous devez vous guérir,
Et moi de mes conseils je veux vous secourir ;

C'est

CONFIDENT.
C'est un projet que la Vertu m'inspire.
Venez me voir incessamment.
Ce sera pour nous deux un ennuyeux moment ;
Mais pour votre intérêt, j'ai deux mots à vous dire.
Ennuyeux, intérêt, pour terrible, danger,
Cela ne sent plus rien ; c'est mal me corriger
Que d'énerver mon style, & je me persuade
Que votre pauvre amant le trouvera très-fade.

[*La Comtesse reprend la lettre, & se met à la cacheter.*]

LA COMTESSE *en pliant la lettre.*
Ne le plaignez-vous pas?

LE COMTE.
J'en soupire pour lui :
Votre correction lui promet de l'ennui.
Refaisons cette lettre, elle étoit mieux dictée.

LA COMTESSE.
Il n'est plus temps, Monsieur, la voilà cachetée.
[*Elle appelle.*]
Lafontaine.

SCENE V.

LE COMTE, LA COMTESSE, LE BARON, LAFONTAINE.

LE COMTE *voulant retenir la lettre.*
Un moment.

LAFONTAINE *à la Comtesse.*
Que vous plaît-il?

LA COMTESSE.
Partez.
A l'instant pour Paris.

Tome X.   G

LE MARI

LAFONTAINE.

Oui, Madame.

LA COMTESSE.

Et portez
Cette lettre au Marquis de Florange. Il demeure...

LAFONTAINE.

Oh, je sai son adresse ; il ne me faut qu'une heure
Pour arriver chez lui. Faut-il réponse ?

LA COMTESSE.

Non,
Revenez sur le champ.

[*Lafontaine sort.*]

SCENE VI.

LE COMTE, LA COMTESSE,
LE BARON.

LE COMTE *à la Comtesse*.

Vous le prenez d'un ton
A faire voir qu'ici vous êtes Souveraine.

LA COMTESSE.

Oui, sur ce sujet-là.

LE COMTE.

Vous me mettez en peine
Pour Florange : un billet si froid & si cruel
Va lui causer sans doute un déplaisir mortel.
J'avois assaisonné vos rigueurs de tendresses,
Et vos corrections sont des impolitesses ;
Elles sentent la prude, & vous l'êtes trop tôt.

LE BARON.

Souhaitez-lui toujours un semblable défaut.

CONFIDENT.

Vous chercherez long-temps pour trouver une femme,
Dont le trop de raison mérite qu'on la blâme.
La vôtre est singuliere, en ce temps-ci sur-tout,
Où l'excès de sagesse est d'un très-mauvais goût.

LE COMTE.

Il est vrai qu'à présent la mode en est passée :
La morale du jour est bien moins compassée,
Mais elle est très-commode. On ne se gêne plus,
Et les anciens égards passent pour des abus.

LA COMTESSE.

Ah, ah! Voici ma sœur.

LE COMTE.

Ah! Qu'elle a bonne grace
Dans cet habit !

SCENE VII.

JULIE *en habit d'Amazone*, LE BARON, LE COMTE, LA COMTESSE.

LE BARON *à Julie*.

Où donc allez-vous?

JULIE.

A la chasse,
Comme vous le voyez : j'en veux à vos perdreaux.

LE COMTE.

Vous tirez en volant ?

JULIE.

Comme nos houbereaux.

LE COMTE.

Adieu notre gibier. Et Monsieur votre pere
L'abandonne à vos coups ?

C ij

LE MARI

JULIE.
Vous plaisantez, beau-frere.
Suivez-moi seulement, vous serez bien confus:
Voyons qui de nous deux en abattra le plus.
Marche à moi.

LE BARON.
La friponne! elle a l'humeur mutine.

JULIE.
Je suis née, il est vrai, pour être une héroïne,
Et les plus grands périls me sembleroient un jeu.

LE BARON.
Laissons ce badinage, & raisonnons un peu.

JULIE.
Daignez m'en dispenser, je viens chercher le Comte.
[*à la Comtesse.*]
Me le confiez-vous?

LA COMTESSE.
Non vraiment.

JULIE.
Quelle honte,
Jalouse d'une sœur!

LA COMTESSE.
Oui, jalouse, & si bien
Que je veux vous pourvoir.

JULIE.
Oh, non, n'en faites rien;
Point de mari.

LE COMTE.
Pourquoi?

LE BARON.
Voulez-vous mourir fille?

JULIE *faisant la révérence.*
Non pas; mais je ne veux sortir de la famille,
Que pour prendre un époux que mon cœur choisira,
Et je me marierai quand il se trouvera;

CONFIDENT.
[au Baron.]
Car vous m'avez permis de me pourvoir moi-même.
LA COMTESSE.
Mais vous pourrez aimer, ma sœur, sans qu'on vous aime.
JULIE.
Ah ! Je l'éprouve trop.
LE COMTE.
Vous ?
JULIE.
Rien n'est plus certain.
Et je vais, en chassant, dissiper mon chagrin.
Tant pis pour nos perdreaux si je suis malheureuse.
LE COMTE *en riant.*
Quoi, tout de bon, ma sœur, vous étes amoureuse ?
JULIE.
Amoureuse ? Fi donc ! Épargnez ma pudeur.
Je ne disconviens pas qu'on a surpris mon cœur.
LE COMTE.
Eh, qui donc ?
JULIE.
Un ingrat ; c'est ce qui me désole.
Le dépit me suffoque, & j'en deviendrai folle.
LE COMTE.
Cela commence bien, car vous courez les champs.
JULIE.
Mais plaignez-moi du moins.
LE COMTE *en riant.*
Oh ! Vos maux sont touchans.
JULIE.
Fort touchans ; il en rit. Vous avez tort de rire,
Car c'est ma bonne sœur qui cause mon martyre.
LE COMTE.
Oui.
JULIE.
Vous savez cela ?

LE COMTE.
Je suis son confident.
JULIE.
Le trait est tout nouveau ; mais est-il bien prudent ?
LE BARON.
C'est par ce rare trait que sa sagesse brille.
Mais Florange, après tout, vous connoît-il, ma fille ?
JULIE.
Il peut bien quelquefois m'avoir vûe au couvent ;
Car pour certaine cause il y venoit souvent,
Mais si préoccupé, si distrait, que je gage
Qu'il n'a pas seulement regardé mon visage.
LE COMTE.
Vous observiez le sien ?
JULIE.
Très-curieusement.
J'aurois bien souhaité de l'avoir pour amant ;
Mais la place étoit prise.
LE COMTE.
Il faudra la reprendre.
Contre votre valeur, qui pourroit se défendre ?
JULIE.
La reprendre ? Eh comment ? Elle est trop loin de moi,
Je ne puis l'assiéger.
LA COMTESSE.
Pas si loin.
JULIE.
Non ?
LA COMTESSE.
Je croi
Que vous pourrez céans en tenter la conquête.
Voudrez-vous l'entreprendre ?
JULIE.
Oui-dà, m'y voilà prête.
LA COMTESSE.
Hé bien, dans ce projet je veux vous seconder.

LE COMTE.
Et votre pere & moi nous pourrons vous aider.
JULIE.
Parlez-vous tout de bon ?
LE COMTE.
Oh ! fans plaifanterie.
LA COMTESSE.
Florange va venir, & c'eſt moi qui l'en prie.
JULIE.
Vous ?
LA COMTESSE.
Moi-même.
JULIE.
Eh, que dit le beau-frere à cela ?
LE COMTE.
Moi, je l'approuve fort.
JULIE.
Le bon cœur que voilà !
LE COMTE.
Oui ; pour l'amour de vous, voyez ce que je riſque.
C'eſt à vous maintenant à prendre votre biſque.
JULIE *au Baron.*
Cher papa, dit-il vrai ?
LE BARON.
Rien de plus férieux :
Celui que vous aimez va s'offrir à vos yeux.
JULIE.
Le cœur me bat.
LA COMTESSE *à Julie.*
Tâchons d'en faire un infidéle.
LE BARON *à Julie.*
Agiſſez pour cela de concert avec elle :
Si vous réuſſiſſez, & s'il s'attache à vous,
Comptez ſur mon honneur qu'il ſera votre époux.

C iiij

JULIE *à la Comtesse.*
Commencez donc l'attaque, & par mon art j'espere...
Il me vient une idée... Approuvez-vous, mon pere,
Que je m'offre à Florange en habit cavalier,
Sous le nom de mon frere ?

LE BARON.
Oui ; mais le Chevalier
Peut survenir.

JULIE.
Il est à Paris, chez ma tante ;
Pour quelques jours.

LE BARON.
L'idée est tout-à-fait plaisante ;
Mais, d'un déguisement, quel peut être l'objet ?

JULIE.
Si vous me secondez, vous en verrez l'effet.
J'aborderai Florange en qualité de frere
De celle qu'il aimoit, & par degrés j'espere
Gagner sa confiance, & prendre dans son cœur,
En lui parlant pour moi, la place de ma sœur.
[*à la Comtesse.*]
Vous n'y prétendez plus, selon toute apparence,
Et vous pouvez, je croi, me le céder d'avance.

LA COMTESSE.
Oh ! sans nulle réserve.

JULIE *ôtant son chapeau.*
En vous remerciant.
Le Comte en est fâché, mais il est patient.

LE BARON *à Julie.*
Allez vous préparer.

JULIE.
Je serai bien-tôt prête.
Vous savez que souvent je me fais une fête
De suivre vos piqueurs en habit cavalier ;
Je m'en vais l'endosser.

CONFIDENT.
LE COMTE *arrêtant Julie.*
Oh! Tout doux, Chevalier;
N'allons-nous pas chasser?
JULIE.
Non, non, je vous rens grace;
C'est l'Amour aujourd'hui qui me méne à la chasse.

Fin du premier acte.

ACTE II.

SCENE PREMIERE.

LE COMTE.

JE me fais un plaisir de le voir le premier,
Et je veux prévenir le joli chevalier ;
Mais ce pas délicat où ma gaieté m'engage,
Va me faire jouer un très-sot personnage.
Voir l'amant de ma femme en cachant qui je suis,
Jusqu'au fond de son cœur pénétrer, si je puis,
C'est le plan de la scène ; &, quoiqu'intéressante,
Elle pourroit pour moi n'être pas trop plaisante.
Florange, à ce qu'on dit, est des plus indiscrets ;
J'aurai fort peu de peine à savoir ses secrets.
N'est-ce point m'exposer à quelque confidence
Qui pourroit me punir de trop de confiance ?
Ma femme étoit aimée, elle aimoit tendrement :
Un amour réciproque enhardit un amant,
Qui peut avoir trouvé quelque instant de foiblesse
Dont le doux souvenir nourrisse sa tendresse ;
Et... Quoi, je me surprens dans d'indignes soupçons,
Moi qui, pour les exclure, ai cent justes raisons !
Moi qui fais l'intrépide, & qui mourrois de honte,
Si je donnois matiere à railler sur mon compte,
Par quelques traits jaloux ! Moi qui mets mon honneur
A cacher au Public que ma femme a mon cœur !
Ne suis-je plus le même ? Et par le mariage
Du bon ton, du bon air, ai-je perdu l'usage ?
Deviendrois-je pesant, ridicule, brutal ?
Et faut-il qu'un mari soit un sot animal ?

CONFIDENT. 31

Ce ne sera pas moi : je veux bien qu'on m'assomme,
Si je cesse de rire & d'être galant homme.
Florange peut venir ; quels que soient ses propos,
J'ose le défier de troubler mon repos.
Quelqu'un entre. Parbleu, je croi que c'est lui-même.
Peste, le joli homme ! Il est fait pour qu'on l'aime.

SCENE II.

FLORANGE, LE COMTE, LAFONTAINE.

FLORANGE.

Me voilà donc, mon cher, chez Monsieur le Baron !

LAFONTAINE.

Oui ; je vais l'avertir, restez dans ce salon.
[Il sort.]

SCENE III.

FLORANGE, LE COMTE.

FLORANGE *sans voir le Comte.*

On me laisse ici seul ; mais, puisqu'il faut attendre,
Relisons ce billet, ce cher billet. Surprendre,
Éblouir, enchanter, transporter hors de soi,
C'est le charmant effet qu'il a produit sur moi ;
Je ne puis me lasser de le lire & relire,
Il cause à mon esprit un gracieux délire.
Que je te baise encor !

LE MARI

LE COMTE *à part.*
Cela débute bien.

FLORANGE *sans voir le Comte.*
Mais sur quoi va rouler le premier entretien ?
Que va-t-elle me dire ? Et pourquoi la cruelle
Veut-elle me parler, puisqu'elle est infidelle ?
Pour qui ? Pour un mari qui l'aime à la fureur,
Me dit-elle ; & de plus, elle en fait son bonheur.
Ce billet me l'assure, & je le baise ! Ingrate !
Dans ce cruel écrit est-il trait qui me flatte ?
Eh quoi, suffit-il donc que ta main l'ait tracé,
Pour qu'il soit précieux à mon cœur courroucé ?
Non, je ne comprens point ton procédé bizarre,
Car il l'est à l'excès, & mon esprit s'égare,
Infidelle, en tâchant de pénétrer pour quoi
Tu veux me voir, après m'avoir manqué de foi.
Plus j'y songe... Morbleu, je croi que l'on m'écoute.
Quel est cet homme-là ? M'entendiez-vous ?

LE COMTE *en souriant.*
Sans doute.

FLORANGE.
Vous entendiez, Monsieur, un jeune homme égaré,
De douleur, de dépit, agité, pénétré,
Surpris, émerveillé de ce qu'on le rappelle
Pour lui percer le cœur.

LE COMTE.
Qui donc ?

FLORANGE.
Une infidelle.
Vous connoissez, Monsieur, la fille du Baron ?

LE COMTE.
Très-fort.

FLORANGE.
Vous êtes donc l'ami de la maison ?

LE COMTE.
On ne peut l'être plus : j'aime cette famille.

FLORANGE.
Et vous avez raison. J'idolâtrois la fille
De ce cruel Baron.
LE COMTE.
Laquelle ? Il en a deux.
FLORANGE.
Il est vrai.
LE COMTE.
De laquelle étiez-vous amoureux ?
FLORANGE.
Faut-il le demander ? Je l'étois de l'aînée ;
Et le Baron sembloit me l'avoir destinée,
Car il m'a toujours fait un gracieux accueil ;
Et me croyant au port, j'étois sur un écueil.
LE COMTE.
Bien souvent on se perd par trop de confiance.
FLORANGE.
Ah, Monsieur ! J'en ai fait la triste expérience :
Sur le point d'être heureux, je me suis absenté,
Et de mon imprudence un autre a profité.
LE COMTE.
Et qui donc, s'il vous plaît ?
FLORANGE.
Un Comte de Forville,
Que je ne connois point. Plein d'un espoir tranquille,
Je sortis de Paris pour trois mois seulement,
Et j'allois à Cambrai joindre mon Régiment.
Dès que je suis parti, mon homme se présente ;
Il demande au Baron cette fille charmante
Dont j'étois idolâtre, & manœuvre si bien,
Qu'il l'épouse, Monsieur, sans que j'en sache rien,
Et qu'il amène ici son aimable compagne,
Pour la dépayser au fond d'une campagne.
Je n'apprens mon malheur qu'en rentrant dans Paris,
Désespéré, confus, & justement surpris,

J'écris à l'infidelle ; elle me fait réponse.

LE COMTE.

Quand cela ?

FLORANGE.

Ce matin. Et son billet m'annonce
Qu'il faut que nous ayons ensemble un entretien ;
Qu'elle m'attend ici. Mais vous comprenez bien,
Que si je souhaitois de lui parler encore,
Ce n'étoit pas si près d'un mari qui l'adore :
J'apprens qu'il est ici, j'en suis au désespoir,
Et nous aurions mieux fait de ne nous pas revoir.

LE COMTE.

Il est vrai ; je vous plains.

FLORANGE.

On ne peut trop me plaindre,
Car je l'aime toujours. Incapable de feindre,
Je vous ouvre mon cœur avec naïveté ;
Car je vois dans vos traits certain air de bonté
Qui me prouve d'abord que vous êtes sensible
Au revers qui m'accable.

LE COMTE.

Autant qu'il m'est possible.

FLORANGE.

Je ne sai point à qui j'ai l'honneur de parler,
Mais je ne sûs jamais l'art de dissimuler ;
Et quand je le saurois, votre seule présence
Sauroit gagner d'abord toute ma confiance.

LE COMTE.

J'espere que bien-tôt je serai votre ami.

FLORANGE.

Aussi ne veux-je point vous parler à demi.

LE COMTE.

Et vous ferez fort bien : j'aime qu'on soit sincere,
Et j'aperçois en vous ce charmant caractere.

FLORANGE.
Je le suis... outrément.
LE COMTE.
Ah ! C'est un beau défaut.
FLORANGE.
Quelquefois, il est vrai, je me livre trop tôt.
LE COMTE.
On ne sauroit avoir une ame trop ouverte.
FLORANGE.
Dût ma sincérité me conduire à ma perte,
Je ne sai point voiler ce que j'ai dans le cœur.
LE COMTE.
A quoi sert la finesse ? Une aimable candeur
Est bien plus estimable.
FLORANGE.
Il est vrai ; je me pique
De n'affecter jamais la moindre politique.
LE COMTE
Voilà comme je suis. Que nous nous ressemblons !
FLORANGE.
Oh oui, je sens d'abord que nous nous convenons.
LE COMTE.
Si bien, qu'autant que vous je ressens votre peine.
Vous aimez donc toujours ?
FLORANGE.
La plus cruelle gêne
Est moins dure, je croi, que l'état où je suis.
Pour reprendre mon cœur, je fais ce que je puis,
Et plus j'y fais d'efforts, plus je sens que ma flamme
Se rallume en mon cœur.
LE COMTE.
Pourquoi non ? Une femme,
Si votre amour n'est pas délicat à l'excès,
Peut de votre constance assurer le succès.
Un mari bien souvent n'est qu'un léger obstacle ;
Vous le sacrifier seroit-ce un grand miracle ?

Un si doux sacrifice est peu rare en ce temps,
Et même les maris n'en sont pas mécontens ;
C'est le bon air.

FLORANGE.

D'accord ; mais...

LE COMTE.

L'aimable Comtesse,
Dans ce siécle benin, ne sera pas tigresse.
Quelques bontés d'avance auront pû vous flatter,
Qu'elle ne saura pas toujours vous résister.

FLORANGE.

Quelques bontés ?

LE COMTE.

Oui-dà ; je vous dis vrai, peut-être.

FLORANGE.

Je la connois autant qu'on puisse la connoître.

LE COMTE.

Vous avez donc par fois éprouvé sa vertu ?

FLORANGE.

Ma passion contre elle a souvent combattu,
Et toujours sans succès.

LE COMTE.

Oui ?

FLORANGE.

Oui, je suis sincere.
La moindre liberté la rendoit si sévere,
Elle la repoussoit avec tant de hauteur,
Que je me reprochois mon imprudente ardeur.
Jamais vertu ne fut si fiere, si terrible,
Si constante.

LE COMTE.

Est-il vrai ?

FLORANGE.

J'ai fait tout mon possible
Pour n'en pouvoir douter, car j'étois effréné.

LE COMTE.

CONFIDENT.
LE COMTE.
Hé bien ?
FLORANGE.
Chassé d'abord. Vous étes étonné.
LE COMTE.
Si jamais on le fut. Quelle vertu sauvage !
Car vous étiez aimé, c'est un grand avantage.
FLORANGE.
Inutile auprès d'elle. On m'aimoit tendrement,
Et la bouche & les yeux le disoient hautement ;
Mais plus j'étois aimé, plus on étoit en garde.
LE COMTE.
Une fille, après tout, rarement se hasarde
A flatter un amant qu'elle veut épouser ;
Mais enfin elle est femme, & vous pouvez oser
Ce que vous n'osiez pas près d'une fille sage,
Qui ne doit rien céder avant le mariage.
Ne concevez-vous pas quelque flatteur espoir,
Puisqu'elle vous répond, & qu'elle veut vous voir ?
FLORANGE.
Si sa vertu varie, elle est bien hypocrite,
J'en répons. Son époux a-t-il quelque mérite ?
LE COMTE.
On le dit.
FLORANGE.
Ah ! tant pis. Sa figure ?
LE COMTE.
Assez bien.
FLORANGE.
Est-il homme d'esprit ?
LE COMTE.
Je ne vous en dis rien ;
Car vous pourrez bien-tôt en juger par vous-même.
FLORANGE.
De quelle humeur est-il ?

Tome X. D

LE COMTE.
D'une douceur extrême,
Un peu malin pourtant, & même un peu railleur.
FLORANGE.
Mauvais cœur ?
LE COMTE.
Non, jamais il n'en fut un meilleur.
Il ne court aucun risque à se faire connoître.
FLORANGE.
C'est donc un homme aimable ?
LE COMTE.
Eh mais... cela peut être.
FLORANGE.
Tant pis, vous dis-je encore ? Sans doute il est aimé.
LE COMTE.
Pas excessivement.
FLORANGE.
Parbleu, j'en suis charmé.
LE COMTE.
Je crois qu'on a pour lui la plus parfaite estime ;
Pour de l'amour, oh non.
FLORANGE.
Mon espoir se ranime.
Mais n'aime-t-il pas, lui ? Sa femme a tant d'appas...
LE COMTE.
S'il en est amoureux, il ne s'en vante pas.
FLORANGE.
En est-il jaloux ?
LE COMTE.
Non.
FLORANGE.
Morbleu, tant pis encore.
LE COMTE.
Pourquoi ?
FLORANGE.
C'est qu'un jaloux fait si bien qu'on l'abhorre.

CONFIDENT.
LE COMTE.
Oh, ma foi, celui-ci craint tant d'être abhorré,
Que poli, complaisant...
FLORANGE.
J'en suis desespéré.
N'est-ce pas le Baron qu'ici je vois paroître ?
LE COMTE.
Lui-même.

SCENE IV.
LE BARON, LE COMTE, FLORANGE.

LE COMTE
va au-devant du Baron, & lui dit bas.

Gardez-vous de me faire connoître;
Il me croit votre ami, rien de plus.
LE BARON.
C'est assez.
LE COMTE *haut.*
Messieurs, vous me semblez tous deux embarrassés ;
Je suis ami discret, & ferai bien, me semble,
De vous laisser ici vous expliquer ensemble.
[*Il sort.*]

SCENE V.

LE BARON, FLORANGE.

LE BARON
après un peu de silence.

Bon jour, Monsieur.

FLORANGE *froidement.*

Je suis votre humble serviteur.

LE BARON.

Moi le vôtre. D'où vient cet air sombre & rêveur ?

FLORANGE.

Vous le savez trop bien ; vous en êtes la cause.

LE BARON.

Moi, Marquis ?

FLORANGE.

Sûrement.

LE BARON.

Il en est quelque chose.

FLORANGE.

Et cependant, Monsieur, vous saviez comme moi
Que j'aimois votre fille.

LE BARON.

Eh mais...

FLORANGE.

Sachons pourquoi
Vous m'avez préféré le Comte de Forville ?

LE BARON.

C'est qu'il me convenoit.

FLORANGE.

Ce ton froid & tranquille
M'émeut si vivement... que je ne puis parler.

CONFIDENT.

LE BARON.
Ne venez-vous chez moi que pour me quereller ?
FLORANGE.
Eh, Monsieur, je n'y viens que parce qu'on m'appelle.
LE BARON.
Qui ?
FLORANGE.
Votre fille.
LE BARON.
Oh, oh ! Que diantre vous veut-elle ?
FLORANGE.
Me dire apparemment que votre dureté
A forcé son respect à l'infidélité.
LE BARON.
Elle a fait sagement d'obéir à son pere ;
Vous devez la louer.
FLORANGE *vivement.*
Moi, morbleu !
LE BARON.
Sans colere.
N'étois-je pas le maître ?
FLORANGE.
Oui, Baron, vous l'étiez;
Mais voulant l'être trop, vous la desespériez,
Et c'étoit abuser de son respect timide.
LE BARON.
Elle fait son devoir ; il est l'unique guide
D'une fille bien née, & non un fol amour,
Qu'un caprice a fait naître & doit détruire un jour.
FLORANGE.
Ah ! Vous ne deviez pas juger ainsi du nôtre.
LE BARON.
Pourquoi non ? Par mon cœur j'ai pû juger du vôtre.
J'étois jeune autrefois ; vous vous en doutez bien.
FLORANGE.
Il faut le croire ainsi.

LE MARI

LE BARON.
     Quelquefois fur un rien,
Ou peu de chofe au moins (on radote à votre âge)
Je devenois d'abord amoureux à la rage,
Et j'aurois fait ferment d'aimer un fiécle entier,
A l'objet adoré prêt à facrifier
Devoir, raifon, fortune ; aveugle, téméraire,
Pour ma divinité je voulois me fouftraire
Au pouvoir paternel ; mais quelque temps après,
Ma déeffe à mes yeux n'avoit plus ces attraits
Pour qui, loix & devoirs, j'aurois fû tout enfreindre :
Mes feux trop prompts à naître, & plus prompts à s'é-
  teindre,
Expiroient dans mon cœur follement prévenu,
Et l'amour s'en alloit comme il étoit venu.

FLORANGE.
Se peut-il que des cœurs foient fi-tôt infidéles ?

LE BARON.
Demandez à ma femme, elle en fait des nouvelles.

FLORANGE.
Il eft vrai que l'on voit peu de maris contens.
Le mariage éteint les feux les plus conftans,
On le dit ; mais pour moi, fans respecter l'ufage,
J'aurois aimé ma femme après le mariage.
Un tréfor l'eft-il moins, quand nous le poffédons ?

LE BARON.
Oui, mon cher. Où voit-on des maris Céladons ?
Quant à moi, jufqu'ici nul n'a frappé ma vûe,
Et s'il en fut jadis, la race en eft perdue.

FLORANGE.
Je l'aurois fait revivre.

LE BARON.
    A Paris ?

FLORANGE.
       Oui, morbleu.

LE BARON.
Chimere d'un jeune homme. Un jeune homme est tout feu,
Mais c'est un feu follet.
FLORANGE.
J'adorois votre fille.
Il n'a tenu qu'à vous que dans votre famille
On ne vît un mari qui de sa femme épris,
Pour elle auroit changé l'usage de Paris.
LE BARON.
Ma foi, j'en doute fort : si-tôt que l'on possède,
Le cœur ne dit plus rien. L'un épouse une laide,
L'autre épouse une belle ; & l'un & l'autre objet,
Au bout de quelques mois, produit le même effet.
Tandis que les voisins courent après la belle,
On voit son cher époux languissant auprès d'elle,
Et celui de la laide, à force de la voir,
Vit avec la laideur sans s'en apercevoir ;
Mais tous deux, à coup sûr, dans la froide indolence,
Effet de l'habitude & de la résidence.
FLORANGE.
Si bien, à votre avis, qu'il est indifférent
Quelle femme on choisisse.
LE BARON.
Oui, je vous suis garant
Qu'en fait de mariage il est de la prudence
De ne s'embarrasser que de la convenance,
Soit par rapport au rang, soit par rapport au bien,
Et que, cela trouvé, tout le reste n'est rien.
FLORANGE.
Vous débitez, Monsieur, une étrange morale :
Pour moi, rempli d'égards pour la foi conjugale,
Je l'assaisonnerois de tous les sentimens
Qui joindroient à mes nœuds tout le feu des amans.
LE BARON.
Oui, pendant quelques jours.

LE MARI

FLORANGE.

Pendant toute ma vie
J'en donnerois l'exemple.

LE BARON.

Oh, je vous en défie.

FLORANGE.

Et j'en ferois serment.

LE BARON.

Pauvre jeune homme! Allez;
Vous ne connoissez pas le siécle où vous vivez.

FLORANGE.

Malgré les mœurs du temps je suivrois mon systême,
Et je sens que mon cœur sera toujours le même.

LE BARON.

Mais malgré sa constance il doit changer d'objet;
Ma fille est mariée.

FLORANGE.

Oui; mais pour quel sujet
M'appelle-t-elle ici?

LE BARON.

Donnez-vous patience,
Elle va vous le dire.

FLORANGE.

Avoir la confiance
De me faire venir après sa trahison!
Voilà ce qui m'étonne & confond ma raison.

LE BARON.

Mais je ne vois rien là qui doive vous confondre;
Ce qu'elle vous dira, j'ose vous en répondre...
Ah! c'est le Chevalier.

FLORANGE.

Votre fils?

LE BARON.

Oui, c'est lui.

SCENE

SCENE VI.

JULIE en *cavalier*, FLORANGE, LE BARON.

LE BARON.

Que voulez-vous ?

JULIE.
   Je vais à Paris.

LE BARON.
      Aujourd'hui ?

JULIE.

Tout-à-l'heure.

LE BARON.
 Attendez.

JULIE.
   Non, vraiment.

LE BARON.
      Quelle affaire
Vous méne-là ? Je veux le favoir.

JULIE.
     Quoi, mon pere,
A mon âge, après tout, ne m'eft-il pas permis
De fortir quand je veux, & de voir mes amis ?

LE BARON.
Le petit libertin ! Voilà nos têtes folles.
Allez donc.

JULIE.
 Mais...

LE BARON.
 Quoi, mais ?

JULIE.
    Il me faut cent piftoles.

LE MARI
LE BARON.
Pourquoi faire ?
JULIE.
Oh ! pourquoi, je n'en sais encor rien.
Reposez-vous sur moi, je les emploierai bien.
LE BARON.
Oui, vous les emploierez, mais bien, morbleu, j'en doute.
Prenez donc dans ma bourse.
JULIE *la vuidant dans la sienne.*
Oh, je la prendrai toute,
S'il vous plaît.
LE BARON.
Quoi, fripon, vous osez...
JULIE.
Doucement;
Je sai ce qu'il me faut.
LE BARON *à Florange.*
Il est sans compliment,
Comme vous le voyez.
JULIE.
Sur cela je m'arrange.
Mais... quel est ce Monsieur ?
LE BARON.
Le Marquis de Florange.
JULIE.
Je le connois de nom ; c'est l'amant de ma sœur,
Ou ce l'étoit.
FLORANGE *lui faisant la révérence.*
Je suis votre humble serviteur.
JULIE.
Moi le vôtre, mon cher ; touchez-là, je vous prie.
LE BARON.
Ce petit gentilhomme est sans cérémonie ;
Excusez.

CONFIDENT.

FLORANGE *au Baron.*
Avec moi, Monsieur le Chevalier,
Autant qu'il le voudra, peut-être familier.
JULIE.
Oh, je ne le serai qu'autant qu'il le faut être.
J'avois fort desiré l'honneur de vous connoître,
Et je suis enchanté de celui de vous voir.
LE BARON *à Julie.*
Pourquoi partez-vous donc? Remettez à ce soir
Votre petite course.
JULIE.
Eh bien, je la differe
Pour le voir plus long-temps.
LE BARON.
Vous ne pouvez mieux faire.
FLORANGE *à Julie.*
Je vous suis redevable.
JULIE *d'un ton fat.*
On ose s'en flatter.
LE BARON.
Où donc est votre sœur?
JULIE.
Je viens de la quitter.
LE BARON.
Sait-elle que Monsieur...
JULIE.
Elle vient de l'apprendre;
Mais avant de le voir, elle m'a fait entendre
Qu'elle souhaiteroit vous parler un moment.
LE BARON.
Où m'attend-elle?
JULIE.
Elle est dans son appartement.
LE BARON.
Je m'en vais la trouver. Chevalier, soyez sage.

E ij

LE MARI

JULIE.

En pouvez-vous douter?

LE BARON.

Je vous laisse.

SCENE VII.

JULIE, FLORANGE.

JULIE.

A son âge
On est complimenteur, circonspect, façonnier :
Moi, je suis sans façon, j'aime un air cavalier,
Libre, ouvert, soutenu d'un ton de petit-maître.
Nous n'avons pas encor l'honneur de nous connoître ;
Cela viendra, mon cher : quand vous me connoîtrez,
Je vous suis caution que vous m'adorerez.

FLORANGE.

Vous me revenez fort.

JULIE.

Tout de bon?

FLORANGE.

Oui, j'en jure.

JULIE.

Vous êtes donc un peu content de ma figure?

FLORANGE.

Très-content.

JULIE.

Je le crois.

FLORANGE.

Vos traits sont gracieux.

JULIE.

Pas mal.

FLORANGE.

Et vous avez tant de feu dans les yeux,

CONFIDENT.

Qu'on n'eſt point étonné de vos vives manieres.
JULIE.
Ne les trouvez-vous point un peu trop cavalieres ?
Si cela vous déplaît, je les réformerai.
Je n'aimerois rien tant que d'être à votre gré.
FLORANGE.
Un ton plus sérieux siéroit mal à votre âge.
JULIE.
Mais vous qui me parlez, vous paroiſſez bien ſage !
FLORANGE.
Ne vous y trompez pas, je ſuis un étourdi.
JULIE.
Pour l'être, vous avez un air trop engourdi,
Trop ſombre, trop rêveur.
FLORANGE.
     Ce n'eſt pas la Nature
Qui m'a donné cet air, c'eſt ma triſte aventure.
JULIE.
Qu'elle aventure donc ?
FLORANGE.
     Pouvez-vous ignorer
La perte que j'ai faite ?
JULIE.
    On peut la réparer.
FLORANGE.
Jamais.
JULIE *vivement*.
  Comment jamais ? N'eſt-il perſonne au monde
Qui puiſſe vous calmer ?
FLORANGE.
     Non : la douleur profonde
Dont je ſuis accablé, ne doit jamais finir ;
Loin de la ſoulager, je veux l'entretenir,
Et fuir tous les objets qui pourroient m'en diſtraire.
Je haïrois quiconque auroit l'art de me plaire.

JULIE.

La plaisante manie ! Oh ! Je veux vous guérir,
Et radicalment.

FLORANGE.
Vous ?

JULIE.
Moi. Voulez-vous périr,
Sans essayer au moins s'il n'est point de reméde ?
Je vous entreprens, moi ; mon art, à qui tout céde,
Va purger votre esprit de ces grands sentimens
Dont vous l'empoisonnez en lisant les Romans.
Abandonnez, Marquis, cette plate lecture,
Fuyez le merveilleux, & suivez la Nature.

FLORANGE.
Rien n'est plus naturel que d'aimer constamment.

JULIE.
Rien n'est si sot.

FLORANGE.
Si sot. Parlons plus poliment.

JULIE.
Je parle comme il faut ; la politesse est fade
Quand il est question de traiter un malade.
Faut-il, pour le guérir, user de lénitif ?

FLORANGE.
Monsieur le Médecin, vous êtes un peu vif.

JULIE.
Par mes soins vous voyez combien je m'intéresse
A ce qui vous regarde : une aimable maîtresse
Est le plus sûr moyen de guérir votre cœur,
Et je vous en offre une.

FLORANGE.
Et qui ?

JULIE.
Mon autre sœur.

FLORANGE.
Ah ! Ne m'en parlez point ; ce cœur est trop fidéle...

CONFIDENT.
JULIE.
Elle est digne de vous, rendez-vous digne d'elle.
FLORANGE.
Je ne le pourrois pas, je suis trop prévenu;
D'ailleurs, puis-je accepter un objet inconnu?
JULIE.
Vous l'avez vûe.
FLORANGE.
Où donc?
JULIE.
Au couvent.
FLORANGE.
Ma mémoire
Ne la rappelle point.
JULIE.
J'ai tout lieu de le croire;
Car elle vous voyoit sans que vous la vissiez,
Et c'est d'un autre objet que vous vous occupiez.
FLORANGE.
Je me souviens pourtant de l'avoir entrevûe,
Mais si négligemment qu'elle m'est inconnue,
Ou peu s'en faut, du moins.
JULIE.
Eh bien, regardez-moi,
Et vous la revoyez.
FLORANGE.
Comment je la revoi!
JULIE.
Elle-même.
FLORANGE.
Tout franc, votre discours m'étonne.
JULIE.
Pourquoi? Figurez-vous que c'est elle en personne;
Car nous nous ressemblons, elle & moi, trait pour trait,
Et je vous offre ici son fidéle portrait.
La trouvez-vous jolie?

E iiij

FLORANGE.
     On ne peut davantage.
JULIE.
C'eſt une aimable enfant ! Les traits de ſon viſage,
Son air, ſon port, ſa voix, ſont ſi pareils aux miens,
Que qui me voit, la voit : mes penchans & les ſiens
N'ont pas moins de rapport, & la preuve en eſt claire
A votre égard. D'abord vous avez ſû me plaire ;
Vous lui plaiſez auſſi.
  FLORANGE.
     Vous voulez me flatter.
JULIE.
Je le ſai d'elle-même, on n'en ſauroit douter.
  FLORANGE.
J'en ſuis fâché.
  JULIE.
 Pourquoi ?
  FLORANGE.
     C'eſt que mon cœur fidéle
Eſt tout à la Comteſſe, & ne peut aimer qu'elle.
  JULIE.
Eh, qu'en eſpérez-vous ? Être ſon favori ?
Elle eſt ſage ; & de plus elle aime ſon mari.
  FLORANGE.
Elle l'aime ! L'ingrate ! Ah ! Je ne puis le croire.
  JULIE.
Vous le devez pourtant, il y va de ſa gloire ;
Et d'ailleurs ce mari n'eſt pas homme à ſouffrir
Un téméraire eſpoir, dont il faut vous guérir
Si vous l'avez conçu ; car moi-même, j'en jure,
Je ſerois le premier à venger ſon injure :
Je ſuis trop délicat pour ſouffrir qu'à mes yeux
Vous oſaſſiez former un projet odieux.
  FLORANGE.
Ne nous emportons point. J'adore la Comteſſe,
Toute indigne qu'elle eſt de ma folle tendreſſe.

CONFIDENT.

Je fai que fa vertu me défend d'efpérer,
Mais qu'il me foit au moins permis de l'adorer.
JULIE.
Non ; je vous le défens.
FLORANGE *en fouriant.*
J'admire la défenfe.
De grace, comptez moins fur mon obéiffance.
Les hauteurs ne font pas un grand effet fur moi,
Je vous en avertis : je ne reçois la loi
Que de mes fentimens, eux feuls me déterminent;
Et je ne fouffre point que d'autres me dominent.
JULIE.
Oh, parbleu, nous verrons.
FLORANGE.
Ne me menacez point;
Chevalier, car je fuis délicat fur ce point.
JULIE.
Moi, je porte une épée, & j'en fais faire ufage,
Vous pourrez l'éprouver.
FLORANGE.
Je veux être affez fage
Pour ne pas prendre garde à vos expreffions,
Et vous avez fur moi fait des impreffions
Qui femblent me contraindre à ne vous pas entendre:
Je fens déja pour vous l'amitié la plus tendre,
Mais n'en abufez pas. Je veux voir votre sœur.
JULIE.
Laquelle ?
FLORANGE.
La Comteffe.
JULIE.
Et moi j'ai trop de cœur
Pour le fouffrir.
FLORANGE.
Songez qu'elle-même m'en prie.

JULIE.
C'est une impertinente, & je suis en furie
De ce qu'elle s'expose encore à vous revoir.
Je la ferai, morbleu, rentrer dans son devoir.
N'êtes-vous pas honteux d'aimer une infidelle?
FLORANGE.
J'en rougis en effet; mais je veux savoir d'elle
La raison qui l'engage à m'appeller ici.
JULIE.
A quoi bon la revoir pour en être éclairci?
Je sai quel est son but, & je puis vous le dire.

FLORANGE *voulant sortir.*
Cela ne suffit pas.
JULIE *le retenant.*
Cela doit vous suffire.
FLORANGE.
Non, je veux lui parler.
JULIE *se mettant au-devant de lui.*
Je prétens l'empêcher
Absolument.
FLORANGE.
Et moi je m'en vais la chercher.
JULIE
s'opposant toujours à son passage.
Vous ne la verrez pas. Je vous offre Julie;
Jusqu'à la refuser, vous poussez la folie;
Et je souffrirai, moi, que vous voyiez ma sœur?
Non, morbleu, je suis trop jaloux de son honneur,
Et trop piqué de voir rejetter mes avances,
Pour laisser un champ libre à vos extravagances.
Laissez-nous en repos, retournez à Paris,
Ou je vous punirai de vos lâches mépris.
FLORANGE *avec émotion.*
A la fin.

CONFIDENT.

JULIE.

L'offenser, c'est m'offenser moi-même.
Je suis au desespoir de ce qu'elle vous aime,
Vous qui vous déclarez si peu digne d'un cœur
Dont l'offre vous vengeoit & vous faisoit honneur.

FLORANGE.

Votre vivacité me paroît singuliere :
Vous voulez me forcer à vous rompre en visiere,
Mais le respect que j'ai pour Monsieur le Baron,
Pour la premiere fois me fait boire un affront.
D'ailleurs, je ne sai quoi, que je ne puis comprendre,
Quand je veux m'emporter, semble me le défendre.
Vous me faites pitié ; mais laissez-moi sortir.

JULIE.

Sortez, mais je vous suis. Je veux vous voir partir
Pour Paris ; autrement, redoutez ma colere.

FLORANGE
mettant la main sur la garde de son épée.

C'en est trop.

JULIE *faisant la même chose.*
Je t'attens.

FLORANGE.
Ah ! voici votre pere,
Heureusement pour vous.

JULIE.
Pour toi-même, morbleu.

SCENE VIII.

LE BARON, JULIE, FLORANGE.

LE BARON.

Qu'avez-vous donc tous deux ? Vous voilà tout en feu.
Laissez-nous, Chevalier, tréve de badinage.

JULIE.

Nous ne badinons point.

FLORANGE.

On m'insulte.

JULIE.

On m'outrage,
J'en veux avoir raison.

LE BARON *en souriant.*

Tout de bon ?

JULIE.

Sans railler?

LE BARON.

Comment, petit garçon, vous voulez ferrailler ?

JULIE.

Il aime la Comtesse, il méprise Julie ;
Dois-je souffrir cela, Monsieur, je vous supplie ?

FLORANGE.

La Comtesse m'appelle, il prétend m'empêcher
De la voir.

JULIE.

Oui, morbleu ; son honneur m'est trop cher
Pour pouvoir consentir qu'elle vous parle encore.

LE BARON.

Pourquoi non ?

CONFIDENT. 57
JULIE.
Il me dit qu'il l'aime, qu'il l'adore,
Et que tout autre objet lui paroît odieux.
Puis-je entendre cela sans être furieux ?
Il ne la verra point.
FLORANGE.
Non ?
JULIE.
Non, sur ma parole;
Quand j'y devrois périr.
LE BARON *à Julie bas.*
Vous êtes une folle.

[*haut.*]
Allez, vous êtes fou; c'est bien à vous, ma foi,
De faire le fendant.
JULIE.
Il me met hors de moi,
[*à part en pleurant*]
Je ne me connois plus. L'ingrat !
LE BARON.
Je croi qu'il pleure.

[*à Florange.*]
C'est un enfant. Je veux vous parler un quart-d'heure.
Suivez-moi.
FLORANGE.
Volontiers.

SCENE IX.

JULIE *seule.*

Quoi, malgré mes faveurs,
L'ingrat que je déteste a fait couler mes pleurs !

Mon indigne foiblesse augmente ma colere,
Nulle autre que ma sœur ne saura donc lui plaire,
Et le lâche qu'il est n'aspire qu'à la voir !
S'il peut y parvenir, je perdrai tout espoir.
Je m'en vais la trouver : je veux obtenir d'elle
Qu'elle se cache aux yeux d'un amant trop fidéle.
Ce procédé bizarre aigrira son esprit,
Et je profiterai de son juste dépit.

Fin du second acte.

ACTE III.
SCENE PREMIERE.
LA COMTESSE, JULIE.

LA COMTESSE.
Qui moi, tromper Florange ?
JULIE.
Oui, le tromper, ma sœur.
LA COMTESSE.
Mentir à cet excès !
JULIE.
Voyez le grand malheur !
LA COMTESSE.
Très-grand ; c'est un effort que je ne saurois faire.
JULIE.
Vous craignez de mentir de peur de lui déplaire,
C'est ce qui vous retient ; parlez de bonne foi.
LA COMTESSE.
Non ; je veux qu'il m'oublie, & s'en fasse une loi,
Il ne peut plus m'aimer sans me faire une offense,
Ma sévere vertu déteste sa constance,
Je vous céde son cœur, quand j'en devrois mourir ;
Mais qu'un mensonge affreux me serve à le guérir,
Je ne puis le promettre.
JULIE.
O le plaisant scrupule !
Avec votre candeur, vous êtes ridicule ;
Ces beaux sentimens-là sont un peu précieux,
Je vous en avertis.

LA COMTESSE.

Mon air, mon ton, mes yeux,
Démentiront ma bouche.

JULIE.

Eh, qu'avez-vous à craindre
Vous êtes femme.

LA COMTESSE.

Eh bien ?

JULIE.

Eh bien, vous saurez feindre
Dès que vous le voudrez. Dissimuler un peu,
Masquer nos sentimens, ce n'est pour nous qu'un jeu.

LA COMTESSE.

Si c'en est un pour vous, je ne suis pas de même.

JULIE.

Quand nous aimons quelqu'un, disons-nous je vous aime?
S'il nous dit, m'aimez-vous ? tandis que sans façon
Notre cœur répond oui, ne disons-nous pas non ?
La nature, en naissant, nous forme à l'artifice :
Chez nous il est vertu, comme chez l'homme un vice.

LA COMTESSE *en souriant.*

Ce privilége-là vous convient à ravir.

JULIE.

Vous voyez qu'au besoin je sai bien m'en servir.
Tâchez de m'imiter quand vous verrez Florange.

LA COMTESSE.

Vous me donnez, ma sœur, un conseil bien étrange.
Dire qu'en quinze jours j'oubliai mon amant !
Et le dire à lui-même !

JULIE.

Oui, ma sœur, hardiment,
Et d'un air dégagé qui puisse l'en convaincre.

LA COMTESSE.

Je n'en ai pas la force.

JULIE.

Il faut savoir se vaincre.

La vertu n'est, au fond, qu'un combat éternel.
Quoi, voulez-vous nourrir un penchant criminel?
LA COMTESSE.
Je ne vous cache point, ma sœur, que j'aime encore
L'amant que j'ai trahi.
JULIE.
Cela vous déshonore.
LA COMTESSE.
Je croi tout le contraire, & le croi d'autant plus,
Que l'amour fait sur moi des efforts superflus.
JULIE.
Ne vous y fiez pas.
LA COMTESSE.
Pourquoi donc?
JULIE.
Tant qu'on aime,
On ne sauroit jamais répondre de soi-même.
LA COMTESSE.
N'ayez aucune alarme : un cœur né vertueux,
Aux loix de son devoir fait asservir ses vœux;
Et comme il met sa gloire à les suivre sans cesse,
S'il aime constamment, c'est toujours sans foiblesse.
JULIE.
Cependant ce grand cœur toujours maître de soi,
En cette occasion ne peut agir pour moi.
LA COMTESSE.
Immoler mon amant aux ordres de mon pere,
Vous le sacrifier parce qu'il sait vous plaire,
Le rappeller ici dans l'unique dessein
De le déterminer à vous donner la main,
Pour vous conduire au but où votre cœur aspire,
Employer mes conseils, cela doit vous suffire.
JULIE.
Vos conseils! Eh, morbleu...

LE MARI

LA COMTESSE.

Comment donc, vous jurez ?

JULIE.

C'est l'habit qui m'emporte. Enfin, considérez
Que pour vous délivrer d'un amant trop fidéle,
Rien ne doit vous coûter.

LA COMTESSE.

Ah ! Quel que soit mon zéle,
Je pense qu'un mensonge est toujours odieux.

JULIE.

Eh non, dans ce cas-ci, c'est un trait glorieux :
La vertu l'autorise, & doit vous en absoudre.

LA COMTESSE.

Enfin, quoi qu'il m'en coûte, il faut donc m'y résoudre !
J'admire à quel excès me conduit l'amitié.

JULIE.

A vous dire le vrai, vous me faites pitié ;
Mais, à votre vertu, tout me paroît possible.

LA COMTESSE.

Voici, pour l'éprouver, un moment bien terrible.

JULIE.

Florange vient : allons, jouons bien toutes deux,
Et mentons l'une & l'autre à qui mentira mieux.

LA COMTESSE.

Ah ! Je tremble.

JULIE.

Fi donc ; ayez plus de courage,
Rassurez-vous, voilà le combat qui s'engage.

SCENE II.

FLORANGE, LA COMTESSE, JULIE.

FLORANGE *à Julie.*

Je vous cherchois par-tout.

JULIE.

Enfin vous me trouvez;
Et c'est fort à propos qu'ici vous arrivez;
Ma sœur veut vous parler.

FLORANGE *d'un air dédaigneux.*

Eh, qu'a-t-elle à me dire ?

JULIE.

Expliquez-vous tous deux, & moi je me retire.

LA COMTESSE *la retenant.*

Demeurez, Chevalier, Monsieur le voudra bien.

FLORANGE.

Oh ! très-assurément : nous ne nous dirons rien
Qui ne puisse être dit, je crois, en sa présence.
Expliquez-vous, Madame, en toute confiance.
De quoi s'agit-il donc ?

LA COMTESSE
après avoir un peu rêvé.

Je vous avois écrit
Sur un dessein que j'ai ; mais mon frere m'a dit
Que vous étiez déja prévenu sur l'affaire
Pour laquelle, Monsieur, je croyois nécessaire
Que je pusse avec vous avoir un entretien.

FLORANGE.

Quelle affaire, Madame ?

LA COMTESSE.

Eh ! Vous le savez bien.

F ij

FLORANGE.
Daignez vous expliquer un peu mieux, je vous prie.
LA COMTESSE *d'une voix entrecoupée.*
Je voulois vous preſſer de demander Julie.
FLORANGE.
Me preſſer ?
LA COMTESSE.
Pourquoi non ?
FLORANGE.
Mais, ſérieuſement ?
LA COMTESSE.
Oui.
FLORANGE.
Vous me prépariez un joli compliment !
Non que l'affaire en ſoi ne ſoit très-convenable ;
Mais, vous, la propoſer ! Rien n'eſt plus admirable ;
C'eſt un trait ſingulier que je n'attendois point,
Et je vous avouerai qu'il m'étonne à tel point...
LA COMTESSE.
Qu'y trouvez-vous d'étrange ?
FLORANGE.
Oh ! rien, je vous aſſure.
Quel ſang froid héroïque ! Et moi je vous conjure
De vouloir vous preſſer d'aſſurer mon bonheur,
En prévenant pour moi votre charmante ſœur.
LA COMTESSE.
Vous jugez bien, Monſieur, que je l'ai prévenue,
Puiſque j'ai ſouhaité d'avoir cette entrevûe.
FLORANGE.
Avez-vous réuſſi ?
LA COMTESSE.
Répondez, Chevalier,
[*à Florange.*]
A ce qu'il vous dira, vous pouvez vous fier ;
Car Julie avec lui s'explique ſans réſerve.

CONFIDENT.

JULIE.

Dans toute cette affaire, il n'est qu'un mot qui serve.
Si la Comtesse encor posséde votre cœur,
Marquis, ne comptez plus sur celui de ma sœur.
A vous en faire un don, nous l'avons préparée ;
Mais il faut que du vôtre elle soit assurée.

FLORANGE.

Qu'exige-t-on de moi ?

JULIE.

C'est qu'avec celle-ci
Vous rompiez sans retour, & qu'à ma sœur, ainsi...
Vous hésitez, je pense.

FLORANGE.

Une premiere chaîne
Laisse une impression qu'on efface avec peine ;
Mais Madame ne sait ce que c'est qu'hésiter,
L'exemple m'encourage, & j'en veux profiter.

LA COMTESSE.

Oui, suivez-le, Florange, & j'en serai charmée.

JULIE *bas à la Comtesse*.

Brave. Grace à mes soins, la guerre est allumée.

FLORANGE.

Je ne balance plus, puisque mon changement
Vous paroîtra du vôtre un effet si charmant.

LA COMTESSE.

Vous ne pouvez, Monsieur, m'obliger davantage,
Et vous prenez enfin le parti le plus sage.

FLORANGE.

Enfin ? Oh ! je l'ai pris sur le champ.

LA COMTESSE.

Quel bonheur,
De savoir à son gré disposer de son cœur !

FLORANGE.

J'imite vos façons, j'adore votre exemple,
Et les femmes devroient vous ériger un temple.

Pour y sacrifier à leur Divinité
Qui fait un droit sacré de l'infidélité.
En effet, est-il rien qui soit plus adorable
Que de se parjurer sans se croire coupable,
Et de savoir forcer un cœur trop prévenu,
A trahir un amant pour le premier venu ?

LA COMTESSE.

Vous le croirez ainsi, si vous voulez le croire.

FLORANGE.

Tout me le dit pour vous, vous vous en faites gloire.
Au bout de quinze jours vous m'avez oublié ;
C'est un trait merveilleux.

LA COMTESSE *bas à Julie.*

Ah, cruelle !

JULIE *bas à la Comtesse.*

Bon pié ;
Bon œil, ma sœur ; il faut soutenir la gageure.

LA COMTESSE *à Florange,
avec un souris forcé.*

Quoi, vous m'admirez donc ?

FLORANGE.

Tout de bon, je vous jure.
C'est le plus beau sang froid que jamais on ait eu.

JULIE *bas à la Comtesse.*

Allons, ferme, Comtesse, un bon trait de vertu.

LA COMTESSE *à Florange.*

Mais, après tout, Monsieur, quinze jours de constance
Ne suffisoient-ils pas loin de votre présence ?
Pouvois-je mieux prouver combien je vous aimois ?

FLORANGE.

Oh ! c'étoit trop encore : à tort je vous blâmois.

LA COMTESSE.

Pourquoi me quittiez-vous ?

JULIE.

Qui quitte la partie
La perd.

CONFIDENT.

FLORANGE à Julie.

C'est très-bien dit. Eh, dites-moi, Julie
Est-elle aussi constante ? Et si je m'absentois,
Auroit-elle un mari lorsque je reviendrois ?

JULIE.

Voici son caractere. En qualité d'épouse,
Sa vertu défieroit l'humeur la plus jalouse ;
Mais simplement maîtresse, & sans aucun lien,
Qu'elle imitât ma sœur, cela se pourroit bien.
Elle en auroit le droit, il est incontestable.

LA COMTESSE *d'un ton ferme*.

Assurément.

JULIE *bas à la Comtesse*.
[*à Florange.*]

Fort bien. Pour un parti sortable,
On peut changer.

LA COMTESSE.

Sur-tout quand un pere absolu...

JULIE *l'interrompant brusquement.*

Non, non, dites le vrai, vous l'avez bien voulu.

FLORANGE.

Oh ! je n'en doute pas.

LA COMTESSE *bas à Julie.*

Ma sœur, à quelle épreuve
Mettez-vous ma vertu !

JULIE *bas à la Comtesse, en riant.*

Je conviens qu'elle est neuve
Et singuliere.

FLORANGE *à la Comtesse.*

Enfin, vous avez si bien fait,
Que je puis desormais vous perdre sans regret.

LA COMTESSE.

Et vous ferez très-bien.

FLORANGE.

Oui, je mourrois de honte
Si je portois envie à ce Monsieur le Comte.

A cet homme admirable, à cet homme admiré;
Que, dès qu'il a paru, vous m'avez préféré.
Immolez-moi sans honte à son parfait mérite.
LA COMTESSE.
Je vous obéirai.
FLORANGE.
Vous vous tenez donc quitte
De vos sermens?
LA COMTESSE.
Hélas! Je ne m'en souviens plus.
JULIE *à Florange.*
Ces termes-là, Marquis, ne sont point ambigus.
Vous avois-je trompé?
FLORANGE.
Non, mon cher; au contraire,
Vous m'en aviez moins dit.
JULIE.
C'est une preuve claire
De l'amour forcené qu'elle a pour son époux.
FLORANGE.
Je vous livre, Madame, à des liens si doux.
LA COMTESSE.
Vous ne vous trompez pas, ils me rendent heureuse.
FLORANGE *à Julie.*
Mais c'est donc tout de bon qu'elle en est amoureuse?
JULIE.
A la rage.
FLORANGE.
Parbleu, le trait est singulier!
Mais faites-moi donc voir cet époux, Chevalier.
JULIE.
Vous le verrez bien-tôt.
FLORANGE.
Je l'admire d'avance;
Et je brûle de faire avec lui connoissance.
LA COMTESSE.

CONFIDENT.
LA COMTESSE.
Vous avez bien raison : plus vous le connoîtrez,
Et plus j'ose assurer que vous l'estimerez ;
Même, si vous l'aimiez, j'en serois peu surprise.

FLORANGE d'un air fier & piqué.
J'en serois surpris, moi, s'il faut que je le dise.
Quoi, je pourrois aimer un homme....
JULIE.
Doucement,
Songez que de ma sœur vous n'êtes plus l'amant,
Et qu'il faut l'oublier.
FLORANGE.
Comment, si je l'oublie ?
Je ne l'ai jamais vûe. Allons chercher Julie.
[à la Comtesse.]
Vous êtes à mes yeux plus belle que jamais ;
Mais, grace à mon bonheur, il est d'autres attraits,
Qui raviront bien-tôt mon cœur à l'infidelle
Pour qui j'aurois brûlé d'une flamme immortelle.
LA COMTESSE.
Enfin donc, tout de bon, vous renoncez à moi ?
FLORANGE.
[Il présente sa main à la Comtesse qui lui présente aussi la sienne.]
Par un vœu solemnel ; recevez en ma foi.
LA COMTESSE.
Sérieusement ?
FLORANGE.
Oui.
LA COMTESSE.
Je l'accepte.
JULIE leur serrant les mains.
Courage.
LA COMTESSE d'un air attendri.
Adieu donc pour jamais, Marquis.

Tome X.   G

LE MARI
FLORANGE.
Adieu, volage.
LA COMTESSE.
Puisse une autre que moi faire votre bonheur!
FLORANGE.
Vous ne méritiez pas de posséder mon cœur.

SCENE III.

JULIE, FLORANGE.

FLORANGE.
Que dites-vous de moi?
JULIE.
Vous avez fait merveille.
FLORANGE
voulant aller après la Comtesse.
J'oubliois de lui dire...
JULIE *l'arrêtant.*
Eh non, je vous conseille
De vous en tenir là; vous avez assez dit.
FLORANGE.
Ah! Je n'ai pas encor satisfait mon dépit.
JULIE.
Plus il est violent, plus il vous déshonore :
Vous me feriez penser que vous l'aimez encore.
FLORANGE.
Vous faut-il des sermens? je les crois superflus.
Pourrois-je encor l'aimer? je ne l'estime plus.
JULIE.
Et vous avez raison.
FLORANGE.
Rien n'est plus méprisable,
Plus bas, plus odieux, qu'un procédé semblable.

CONFIDENT.

Sans l'estime, l'amour ne peut plus subsister,
Et mon cœur au mépris ne sauroit résister.

JULIE.

J'aime ce sentiment ; qu'il est beau !

FLORANGE.

L'infidelle !

JULIE.

Mais est-ce l'oublier, que de pester contre elle ?

FLORANGE.

Je la croyois parfaite : ah, que je suis trompé !
Des aveux qu'elle a faits, mon cœur est si frappé,
Qu'il balance à les croire.

JULIE *d'un air de dépit.*

Adieu donc.

FLORANGE *le retenant.*

Non, de grace,
Ne m'abandonnez pas, Chevalier.

JULIE.

Je me lasse
D'entendre des propos si dépourvûs de sens.

FLORANGE.

Je conviens avec vous qu'ils sont extravagans,
Mais ce sont les derniers que le dépit m'inspire :
Il se rend mon vainqueur, & mon amour expire,
Je le sens.

JULIE.

Il a bien de la peine à mourir !

FLORANGE.

Il est mort.

JULIE.

Tout de bon ?

FLORANGE *en soupirant.*

Oui.

JULIE.

J'entens un soupir ;
Est-ce bien le dernier ?

FLORANGE *vivement.*

Eh oui, je vous assure.
Menez-moi chez Julie, il faut que je lui jure...

JULIE.

Ne nous pressons pas tant, je vous la montrerai
Quand j'aurai mis encor votre cœur à l'essai.

FLORANGE.

Il n'est plus question d'une nouvelle épreuve,
Je suis libre à présent.

JULIE.

Il m'en faut une preuve
Par écrit.

FLORANGE.

Par écrit ! Ma parole, je crois,
Est plus que suffisante.

JULIE.

Oh, que pardonnez-moi.

FLORANGE.

Vous me piquez au vif, mais je veux vous complaire.

JULIE.

Julie est défiante.

FLORANGE.

Eh bien, que faut-il faire ?
Qu'exigez-vous encor ?

JULIE.

C'est que vous écriviez
A la Comtesse.

FLORANGE.

Soit.

JULIE.

Et que vous lui disiez
Un éternel adieu, mais d'un style énergique ;
Orné de votre nom pour le rendre authentique.

FLORANGE.

Mais un pareil écrit la choquera beaucoup.

JULIE.

Oui, mais c'est à l'amour porter le dernier coup;
Et si vous balancez, Julie est invisible.

FLORANGE.

J'ai peine à lui signer un affront si sensible.

JULIE.

Si sensible ! Eh, morbleu, songez aux quinze jours.

FLORANGE.

Ah ! Je n'y pensois plus.

JULIE.

Voyez par quels détours
L'amour dans votre cœur veut encor s'introduire !
Il n'étoit pas bien mort.

FLORANGE.

Il faut donc qu'il expire.
Oui, de ma propre main je veux l'assassiner ;
Sa mort est résolue, & je vais la signer.

JULIE.

Moi, je vais ici près visiter une belle
Qui vient de me prier de me rendre auprès d'elle.
Ah ! Voici notre ami, je vous laisse tous deux.

SCENE IV.

LE COMTE, FLORANGE.

LE COMTE.

Qu'avez-vous donc, Marquis ? J'apperçois dans
  vos yeux
Je ne sai quoi de sombre & de mélancolique :
Il faut vous égayer.

FLORANGE.

Ce conseil-là me pique.

LE COMTE.
Pourquoi donc?

FLORANGE.
M'égayer! Vraiment, j'en ai tout lieu.

LE COMTE.
Comment, avez-vous vû la Comtesse?

FLORANGE.
Oui, morbleu.

LE COMTE.
Vous voilà bien ému!

FLORANGE.
Pourrois-je ne pas l'être?
Non, je n'en reviens pas. Je croyois la connoître.
Ah! Que je m'abusois, en jugeant de son cœur
Par le mien! Qu'elle a bien dissipé mon erreur!
Elle eût dû me cacher du moins son caractére,
Mais elle a dédaigné de m'en faire un mystére;
Elle s'en fait honneur. Quel prix d'un si beau feu!
Quel front! quelle assurance, & quel indigne aveu!

LE COMTE.
Quel aveu donc?

FLORANGE.
J'en meurs de dépit & de honte.
Le croiriez-vous, Monsieur? elle adore le Comte;
Oui, ce nouveau venu qu'elle m'a préféré.

LE COMTE.
Ma foi, je n'en croi rien.

FLORANGE.
C'est un fait avéré.
Ne devoit-elle pas avoir la complaisance
D'attribuer son crime à son obéissance,
A son profond respect, à sa timidité?

LE COMTE.
Elle vous eût dit vrai.

FLORANGE.
Je m'en étois flatté;

CONFIDENT.

Mais elle m'auroit dit une horrible imposture.
LE COMTE.
Vous vous trompez, Marquis, & lui faites injure.
FLORANGE.
Vous m'impatientez. Ne dois-je pas compter
Sur ce qu'elle m'assure ? Elle ose se vanter
D'avoir trahi sa foi, de m'avoir fait outrage,
Sans la moindre contrainte.
LE COMTE.
     Elle a bien du courage.
FLORANGE.
Quel courage, grand Dieu, d'oser se faire honneur
D'un si prompt changement, & d'un si mauvais cœur !
N'est-ce pas là, Monsieur, un beau sujet de gloire ?
Comprenez-vous cela ?
LE COMTE.
    Non, je ne le puis croire.
FLORANGE.
Son époux est, dit-elle, un homme si parfait,
Que son cœur est charmé du beau choix qu'elle a fait.
Je voudrois bien le voir cet époux adorable.
LE COMTE.
C'est un homme ordinaire, & qui n'est qu'estimable.
FLORANGE.
Mais, pour se faire aimer dès le premier moment,
Il a donc eu recours à quelque enchantement ;
Car elle n'a pas fait la moindre résistance.
LE COMTE
Elle n'a pas paru se faire violence,
Il en faut convenir.
FLORANGE.
    Si bien qu'on peut juger
Qu'elle a fait son bonheur de me desespérer.
C'est là ce qui redouble, & son crime, & ma rage.
Vous étiez donc présent à ce beau mariage ?

LE MARI

LE COMTE *en riant.*
Vraiment oui, je l'étois.

FLORANGE.
Et la Comtesse étoit
Tranquille, de sang froid ?

LE COMTE.
Elle le paroissoit.

FLORANGE.
Voilà ce que jamais je ne pourrai comprendre.
Je ne m'étonne plus si l'on m'a fait entendre
Qu'au bout de quinze jours elle a sû m'oublier.

LE COMTE.
Qui vous a dit cela ?

FLORANGE.
Qui ? C'est le Chevalier.

LE COMTE.
Le Chevalier ?

FLORANGE.
Lui-même.

LE COMTE *à part.*
Oh, l'adroite friponne !

FLORANGE.
Je vous dirai bien plus ; la Comtesse en personne
M'a confirmé le fait. Qu'en dites-vous ?

LE COMTE.
Ma foi,
Je tombe de mon haut. Qu'elle femme !

FLORANGE.
Je croi
Qu'on chercheroit long-temps pour trouver sa pareille.

LE COMTE.
Une femme inconstante est-elle une merveille ?

FLORANGE.
Non, rien n'est plus commun ; la singularité
Est de me l'avouer d'un ton de fermeté

Qui vous auroit surpris.
LE COMTE.
Franchement, je l'admire.
FLORANGE.
Comment, vous l'admirez ? Pouvez-vous me le dire ?
LE COMTE.
Eh, oui, je vous le dis, & j'en ai bien sujet.
FLORANGE.
Vous moquez-vous de moi ?
LE COMTE.
Si vous étiez au fait,
Vous verriez bien que non.
FLORANGE.
Un aveu détestable
Au point qu'est celui-ci, vous paroît admirable !
LE COMTE.
Oui, d'un certain côté.
FLORANGE.
De quel côté, morbleu ?
LE COMTE.
Oh, point d'émotion, modérez votre feu.
FLORANGE.
Mais vous m'outrez, Monsieur. Quoi, me ferez-vous croire
Qu'une telle assurance est un sujet de gloire ?
LE COMTE.
Vous le croirez un jour.
FLORANGE.
Vous êtes singulier.
Le Comte, j'en conviens, peut s'en glorifier,
Et se moquer de moi.
LE COMTE.
Lui ? Je vous certifie
Que de votre malheur loin qu'il se glorifie,
S'il eût crû qu'il fît faire une infidélité,
Vous ne gémiriez pas de vous voir supplanté.

FLORANGE.
Ciel ! L'inconstance seule est cause de ma perte;
Je vais donc accepter la main qui m'est offerte;
Vous m'y déterminez.

LE COMTE.
S'agit-il de la sœur ?

FLORANGE.
Oui ; je veux me venger en lui donnant mon cœur.
N'est-ce pas votre avis ?

LE COMTE.
Vous ne pouvez mieux faire.
Julie est un objet très-digne de vous plaire,
Et vous en conviendrez.

FLORANGE.
D'avance, je le croi;
C'est le portrait, dit-on, du Chevalier.

LE COMTE.
Ma foi,
Rien n'est plus ressemblant; qui voit l'un a vû l'autre :
Elle est fort de mon goût.

FLORANGE.
Le mien est donc le vôtre.
Le Chevalier m'a plu dès le premier abord;
J'adore en lui Julie.

LE COMTE.
Et vous n'avez pas tort.

FLORANGE.
Reste à me dégager si bien de la Comtesse,
Qu'on ne me trouve pas une ombre de foiblesse.

LE COMTE.
Comment ?

FLORANGE.
Par un écrit bien signé de ma main,
Je vais briser mes fers.

LE COMTE.
C'est un très-bon dessein.

FLORANGE.
Et cela, sans retour. Voulez-vous bien permettre…
LE COMTE.
Quoi ?
FLORANGE.
Que j'aille chez vous écrire un mot de lettre ?
LE COMTE *lui montrant la table.*
Vous le pouvez ici, voilà ce qu'il vous faut.
Je vous quitte un moment, & je vais au plûtôt
Savoir du Duc d'Albon ce qu'il voudroit me dire :
Il demeure ici près. Comme il vient de m'écrire
Qu'il faut que nous ayons ensemble un entretien,
Je cours jusque chez lui. Vous le permettez bien ?
FLORANGE.
Ah ! Monsieur…
LE COMTE.
Sans adieu, je reviens dans une heure.

SCENE V.

FLORANGE *seul. Il se met à écrire.*

[*après avoir écrit quelques lignes.*] [*ayant un peu écrit.*]
L'Amour gémit encore. Allons, il faut qu'il meure.
Que ma plume me sert avec rapidité !
            [*Il dit par réflexion.*]
Ce terme est un peu dur… elle l'a mérité.
       [*Il continue d'écrire, & la Comtesse entre sans qu'il
            s'en apperçoive.*]

SCENE VI.
LA COMTESSE, FLORANGE.

LA COMTESSE *sans voir Florange.*
[*appercevant Florange.*]

Où peut être Julie... O Ciel! je me retire.

FLORANGE *sans la voir.*

Je crois avoir bien dit... Mais voyons, il faut lire.

[*Florange lit haut, & la Comtesse s'arrête pour écouter.*]

Je vous croyois un objet si parfait,
Que mon amour s'enflammoit par l'estime.
Votre inconstance a produit son effet;
Je vous méprise, & croirois faire un crime
Si je brûlois pour un indigne objet.
Vous ne charmez que par un faux mérite.
Perfide, adieu; pour jamais je vous quitte;
J'en fais serment sans le moindre regret,
Je vous l'ai dit; mais c'est peu de le dire,
 Ma main se délecte à l'écrire,
Et c'est mon cœur qui dicte ce billet.

[*après avoir lû, il dit :*]

On m'a fait un affront, mais ce style me venge.
Allons, il faut signer. LE MARQUIS DE FLORANGE.

[*après avoir plié le billet.*]

N'oublions pas l'adresse après l'avoir fermé.
Plus je l'offenserai, plus je serai charmé.

[*il laisse le billet sur la table.*]

Voyons si j'ai quelqu'un pour le faire remettre.

[*il se léve sans voir la Comtesse.*]

Lafleur, holà, Lafleur.

CONFIDENT.

LA COMTESSE *s'emparant du billet.*
            Vous voulez bien permettre
Que j'ouvre ce billet, puisqu'il m'est adressé.
        FLORANGE *se tournant.*
C'est vous ? Ah ! rendez-moi ce billet insensé ;
C'est le premier effet d'une aveugle colere,
Un style pitoyable, & sans suite.
        LA COMTESSE.
                Au contraire,
Il est très-bien écrit.
        FLORANGE.
            Vous ne l'avez pas lû.
        LA COMTESSE.
Mais, quand vous le lisiez, je l'ai bien entendu :
J'admirois votre style, il est d'une énergie...
        FLORANGE.
Faites grace, Madame, à mon étourderie ;
Mon cœur n'a point de part...
        LA COMTESSE.
                C'est lui qui l'a dicté.
Qu'un homme tel que vous signe une fausseté,
Cela n'est pas croyable ; ainsi je me tiens sûre
Que votre cœur s'accorde avec votre écriture.
        FLORANGE.
N'en croyez pas un mot.
        LA COMTESSE.
                Je vous croi tellement
Que si je vous voyois changer de sentiment,
Vous seriez à mes yeux un homme méprisable.
        FLORANGE.
Je suis plus malheureux que je ne suis coupable.
        LA COMTESSE.
Vous n'étes malheureux ni coupable, Marquis ;
J'ai voulu mériter le plus juste mépris,
Et vous faites en moi la plus légere perte,
Quand pour la réparer ma sœur vous est offerte.

LE MARI

Reprenez, croyez-moi, votre premier dépit;
Et par vos procédés soutenez cet écrit.

FLORANGE.

Ah! daignez me le rendre.

LA COMTESSE.

Oh, non.

FLORANGE.

Je vous en prie.

LA COMTESSE.

Non, Monsieur, j'en veux faire un régal à Julie.
Je ne puis mieux, je crois, lui faire votre cour,
Puisque par ce billet nous rompons sans retour.

FLORANGE *d'une voix tremblante.*

Sans retour?

LA COMTESSE.

Oui, Monsieur, c'est moi qui vous l'assure;
Et si vous en doutez, vous me faites injure.

FLORANGE.

Si c'est vous offenser...

SCENE VII.

LE BARON, LA COMTESSE, FLORANGE.

LE BARON *à la Comtesse.*

Je vous trouve à propos,
Comtesse, & vous cherchois pour vous dire deux mots.
Mais je vous interromps.

LA COMTESSE.

Point du tout, je vous jure.
Pour une bonne fois, nous venons de conclure.

LE BARON.
A quoi concluez-vous ?
LA COMTESSE.
A nous haïr tous deux,
Même à nous mépriser.
LE BARON.
Rien n'est plus généreux.
Tout bien considéré, vous ne pouvez mieux faire.
Haïr & mépriser, quand on cesse de plaire,
[à Florange.]
C'est le meilleur parti. Si vous l'avez bien pris,
Rendre haine pour haine, & mépris pour mépris,
Ce sera vous traiter selon votre mérite.
Suivez donc votre accord, vous serez quitte à quitte.
FLORANGE.
Distinguons, s'il vous plaît : songez qu'on m'a trahi.
LE BARON.
Eh bien, haïssez plus que vous n'êtes haï,
Et faites fièrement vos adieux à ma fille.
FLORANGE.
Je ne prens pas congé de toute la famille :
Je vous suis attaché.
LE BARON.
Je le veux croire ainsi ;
Mais vous avez sujet de me haïr aussi,
Et je vous le permets. Souffrez qu'à la Comtesse
Je parle sans témoins d'une affaire qui presse,
Et qu'il faut terminer dans une heure au plus tard.
Vous saurez ce que c'est avant votre départ.
[Florange sort]

SCENE VIII.

LE BARON, LA COMTESSE.

LA COMTESSE.

Il s'expliquoit assez, & vous pouviez l'entendre.

LE BARON.

Très-bien; mais apprenez qu'on m'offre un autre gendre :
L'oncle du Duc d'Albon arrive en ce moment
Pour traiter avec moi.

LA COMTESSE.

Ah ! Quel événement !

LE BARON.

Il ne me surprend point ; car le feu Duc son pere
M'avoit plus d'une fois proposé cette affaire,
Et mourut dans le temps que nous la concertions.
On la renoue ; il faut que nous en profitions.
Enfin, avec instance on demande Julie
Pour ce jeune Seigneur.

LA COMTESSE.

Monsieur, je vous supplie,
Ne précipitez rien.

LE BARON.

Moi, je veux me presser.

LA COMTESSE

Julie aime Florange, & pourroit balancer.

LE BARON.

Je ne le sai que trop. J'aimerois bien Florange;
Mais j'aime mieux un Duc.

LA COMTESSE.

Que ceci nous dérange !

Julie

CONFIDENT.

Julie a tout tenté pour gagner le Marquis;
Elle y réussissoit, & par de feints mépris
Je l'aurois obligé d'en faire la demande.
Vain effort de vertu! du moins je l'appréhende;
Car je sai que ma sœur a de l'ambition:
La gloire fait dompter toute autre passion.

LE BARON.

Je voudrois que son cœur lui cédât la victoire;
Car, s'il faut l'avouer, j'ai ma petite gloire
Tout aussi bien qu'un autre; & mon autorité...

LA COMTESSE.

Ah! Souffrez que ma sœur choisisse en liberté;
Vous me l'avez promis.

LE BARON.

    Oui, morbleu, dont j'enrage;
Mais quand je l'ai promis, je n'étois pas trop sage.
Allons donc la trouver à son appartement,
Et sachons sur cela quel est son sentiment.

Fin du troisième acte.

ACTE IV.

SCENE PREMIERE.

LA COMTESSE.

Me suis-je assez domptée ? O sévere devoir,
Sur les cœurs vertueux jusqu'où va ton pouvoir !
Si le mien s'est soumis à tes cruelles armes,
Souffre au moins qu'en secret je verse quelques larmes ;
C'est l'innocent tribut que je dois à l'Amour
Exilé par tes loix sans espoir de retour.
   Mais pourquoi m'affliger de l'erreur de Florange ?
Il me croit infidelle, il me hait, il se venge.
Que m'importe, après tout, d'avoir perdu son cœur ?
Ses outrages cruels assurent mon bonheur ;
Je n'aurai plus de peine à vaincre la foiblesse
Que l'austere Vertu me reprochoit sans cesse.
Toute entiere au devoir, qui m'avoit trop coûté,
J'en vais faire ma gloire & ma félicité.
Il est temps que l'amour prévenu par l'estime,
Assure à mon époux un tribut légitime.
Mon cœur à son mérite avoit peine à céder ;
Puisqu'il en est si digne, il doit le posséder.
   Mais il ne paroît point, & mon ame est émûe
De ce que si long-temps il évite ma vûe.
Voit-il avec chagrin Florange près de moi ?
Où peut-il être ? O Ciel ! soupçonne-t-il ma foi ?
Sa confiance est-elle un dehors qu'il affecte ?
Devois-je m'exposer à devenir suspecte ?

SCENE II.

LE COMTE, LA COMTESSE.

LA COMTESSE.

EH, d'où venez-vous donc?
LE COMTE.
De chez le Duc d'Albon,
Qui veut qu'en sa faveur je presse le Baron.
LA COMTESSE.
C'est donc réellement qu'il demande Julie?
LE COMTE.
Vraiment, si je l'en crois, il l'aime à la folie;
Il ne peut résister à ses attraits piquans,
Qu'il vient de m'exalter en termes éloquens.
A vingt autres partis, il dit qu'il la préfere.
LA COMTESSE.
Ah! que j'en suis fâchée! Avez-vous vû mon pere?
Que dit-il du rival qui vient nous traverser?
LE COMTE.
Entre les deux partis il paroît balancer.
En effet, je le croi flatté d'une alliance
Qui mérite, après tout, que l'on soit en balance;
Et pour vous dire vrai, je crains que votre sœur
Ne soit séduite aussi par cet appas flatteur.
LA COMTESSE.
Je voulois la sonder, mais elle est disparue,
Et j'attendois ici qu'elle fût revenue,
J'ai peine à croire encor, qu'aimant comme elle fait,
Un haut rang ait pour elle un plus puissant attrait.
Mais vous, que pensez-vous sur cette double affaire?
LE COMTE.
Moi? Je balance autant que Monsieur votre pere.

H ij

C'est à vous, s'il vous plaît, à me déterminer.
LA COMTESSE.
Mais votre incertitude a lieu de m'étonner ;
Car devez-vous avoir de plus pressante envie
Que d'unir par l'hymen Florange avec Julie ?
Comment pouvez-vous mieux me délivrer de lui,
Que par cette union ? Soyez donc son appui.
Devenant mon beau-frere, il éteindra sa flamme,
Qui peut se rallumer s'il prend une autre femme.
LE COMTE.
Cela n'est pas possible. Un dépit glorieux
L'a fait rompre avec vous d'un ton injurieux ;
Du moins l'ai-je laissé commençant une lettre
Qu'il étoit résolu de vous faire remettre.
LA COMTESSE *la lui présentant.*
La voici, lisez-la.
LE COMTE *après l'avoir lûe.*
Craignez-vous le retour
D'un cœur qui vous méprise ?
LA COMTESSE.
Oui, Monsieur. Plus l'Amour
Exhale de fureur, & plus il fait connoître
Que sur le moindre espoir il est prêt à renaître.
LE COMTE.
D'accord ; mais votre cœur si jaloux du devoir,
Lui pourra-t-il jamais permettre quelque espoir ?
LA COMTESSE.
Je vous répons que non ; mais enfin la sagesse
Doit-elle être exposée à combattre sans cesse ?
Le plus sûr est pour moi d'écarter le danger.
Tandis que le Marquis brûle de se venger,
Et que de mon devoir je me rends la victime,
Vous devez seconder le dépit qui l'anime.
LE COMTE.
Il n'en reviendra pas. Si-tôt que je vous vis,
Je trouvai mon bonheur dans vos yeux attendris.

M'a-t-il dit : un instant vous rendit infidelle ;
Et bien loin de rougir d'être si criminelle,
Pour le desesperer vous en faites l'aveu.
Ce n'est pas tout encor ; vous l'estimez si peu,
Que vous lui protestez, & c'est ce qui l'irrite,
Qu'on ne peut résister à mon parfait mérite ;
Et poussant à l'excès son indignation,
Vous m'aimez, dites-vous, à l'adoration.
Il le croit fermement. Pour calmer sa colere,
J'ai tâché d'adoucir votre aveu peu sincere.

LA COMTESSE.

Peu sincere ?

LE COMTE.

Oui vraiment.

LA COMTESSE.

Mais...

LE COMTE.

Quoi, voudriez-vous
Me tromper comme lui ?

LA COMTESSE.

Vous étes mon époux ;
Chaque jour à mes yeux vous étes plus aimable,
Et tout ce que j'ai dit doit être véritable.

LE COMTE *en souriant.*

Il ne l'est pas encor.

LA COMTESSE.

J'avoue ingénument
Que j'offense à regret un trop fidéle amant,
Et que j'ai pris sur moi plus que je ne puis dire,
Pour gagner sur l'Amour un si puissant empire.

LE COMTE.

A vous dire le vrai, je m'en étois douté.

LA COMTESSE.

Je ne crains point l'effet de ma sincérité,
Avec un si bon cœur la feinte est inutile.
Mais qu'avez-vous, Monsieur ? Vous n'étes plus tran-
   quille.

Ma confiance en vous m'induit-elle en erreur,
Et me suis-je trahie en vous ouvrant mon cœur?
LE COMTE.
Par ce que je vais faire & ce que je vais dire,
Jusques au fond du mien je veux vous faire lire :
Je vous dois ce retour, que j'ai trop différé.
LA COMTESSE.
Je croyois vous connoître, & j'en aurois juré;
[*Le Comte regarde de tous côtés pour voir si quelqu'un écoute.*]
Mais vos sombres regards me mettent à la gêne.
Que méditez-vous donc?
LE COMTE.
     Je médite une scéne
Que jusques à présent vous n'aviez pu prévoir.
LA COMTESSE *d'un ton effrayé.*
Une scéne, Monsieur?
LE COMTE.
     Oui, oui, vous allez voir.
LA COMTESSE.
Eh quoi, vous me trompiez?
LE COMTE.
     D'un ton plus bas, de grace.
[*Il regarde encore de tous côtés.* [
Personne ici ne doit savoir ce qui se passe
Entre nous : mon honneur exige qu'avec soin
Je tâche d'éviter d'avoir aucun témoin.
LA COMTESSE.
Vous me faites frémir.
LE COMTE.
     Promettez-moi, Comtesse,
Que vous ne direz rien.
LA COMTESSE *très-émûe.*
     Pourquoi cette promesse?
LE COMTE *se jettant à ses pieds.*
En voici la raison.

CONFIDENT.

LA COMTESSE.
O Ciel ! Que faites-vous ?
LE COMTE.
J'adore la Vertu, je lui rends à genoux
L'hommage le plus vrai, le plus vif, le plus tendre,
Que du cœur d'un époux elle ait lieu de prétendre.
Ce n'est pas d'aujourd'hui que vous m'avez charmé :
Je cachois les transports de mon cœur enflammé,
La honte m'arrêtoit ; votre vertu la dompte,
Je me livre à l'amour.
LA COMTESSE.
Ah ! levez-vous, cher Comte.
LE COMTE.
Attendez.
LA COMTESSE.
Je le veux.
LE COMTE.
Vous le voulez en vain ;
Je ne me léve point sans baiser cette main,
Dont la possession fait mon bonheur suprême.
Si vous pouviez m'aimer autant que je vous aime...
LA COMTESSE.
J'y parviendrai bien-tôt : levez-vous, & croyez...

SCENE III.

FLORANGE *survenant tout-à-coup*,
LA COMTESSE, LE COMTE.

FLORANGE.
Quoi, Madame, je trouve un amant à vos piés !
Il vous baise la main ! Vous le souffrez sans peine ;
Tandis que mon amour allume votre haine !
Inconstante, perfide, ingrate !

LE MARI

LA COMTESSE.

Avez-vous dit?

FLORANGE.

Cette sécurité redouble mon dépit.
Vous ne rougissez point d'une telle aventure!
Ce devoir rigoureux, cette vertu si pure,
Qui bravoit ma douleur, condamnoit mes soupirs;
Vous permets en secret de coupables plaisirs!
Au plus fidéle amant c'est peu d'être cruelle,
Perfide, à votre époux vous étes infidelle!

LA COMTESSE.

Qui vous a dit cela?

FLORANGE.

Qui me l'a dit? Mes yeux.

LA COMTESSE.

Ils vous trompent, Marquis.

FLORANGE.

Mon dépit furieux
Ne peut se contenir à la voir si tranquille.

LA COMTESSE.

Si j'osois m'expliquer...

FLORANGE.

Ah! propos inutile.
Que peut-on objecter à tout ce que j'ai vû?
Sexe foible & trompeur, c'est donc là ta vertu!

LA COMTESSE *au Comte*.

Je me lasse à la fin d'entendre ce langage;
Faites-le donc finir.

FLORANGE.

Lui? Le traître m'engage
A le laisser entrer dans le fond de mon cœur;
Il paroît pénétré de ma juste douleur,
Par une amitié feinte il séduit ma franchise,
Et tout ce que je pense il veut que je le dise,
Pour venir en secret, si-tôt qu'il m'a quitté,
Triompher à vos pieds de ma crédulité.

CONFIDENT.

Sa lâche trahison par vous est applaudie,
Mais je me vengerai de cette perfidie.
  LA COMTESSE *au Comte.*
Déclarez-vous enfin, il est temps de parler.
  LE COMTE *à Florange, en souriant.*
Je laisse à vos fureurs le temps de s'exhaler ;
Deux mots vont les calmer. Apprenez donc, Florange...
  FLORANGE *d'un air furieux.*
Je ne suis plus ta dupe, il faut que je me venge ;
Viens, suis-moi.
  LA COMTESSE *arrêtant Florange.*
    Juste Ciel ! Ah ! Florange, écoutez.
  FLORANGE.
   [*au Comte.*]
Non, je n'écoute rien. Avançons.
  LA COMTESSE *retenant le Comte.*
    Arrêtez.

SCENE IV.

LE BARON *accourant*, LE COMTE, LA COMTESSE, FLORANGE.

  LE BARON.
Qu'est-ce donc que j'entens ? Voici bien du vacarme.
  LA COMTESSE.
C'est un mal-entendu qui cause votre alarme.
Vous venez à propos finir ce différend.
Florange furieux...
  LE BARON *à Florange.*
    Quelle fougue vous prend ?
Quand vous serez chez vous, mettez-vous en furie ;
Mais chez moi, ventrebleu, point de bruit, je vous prie.

Vous êtes, je le vois, une tête à l'évent,
Qui pour un rien s'échauffe, & s'échappe souvent.
FLORANGE.
Si vous saviez, Monsieur, le sujet qui m'anime...
LE BARON à la Comtesse.
De quoi s'agit-il donc ?
LA COMTESSE.
C'est qu'il me fait un crime
De ce qu'il a trouvé Monsieur à mes genoux.
LE BARON.
[à Florange.]
Le trait est merveilleux. De quoi vous mêlez-vous ?
FLORANGE.
Comment, vous approuvez...
LE BARON.
Oui, j'approuve qu'il l'aime,
Qu'il l'adore.
FLORANGE.
Qu'entens-je !
LE BARON.
Et j'en suis charmé même.
FLORANGE furieux.
Vous en êtes charmé !
LE BARON.
Jusques au fond du cœur,
Et j'en fais compliment à ma fille.
FLORANGE.
L'honneur
Vous permet-il, Baron, de tenir ce langage?
Vous vous réjouissez de ce qu'on vous outrage !
LE BARON.
Oh ! cet outrage-là me flatte infiniment,
Et je l'apprens de vous avec ravissement.
FLORANGE.
[à part.]
Me voilà confondu. Cet homme est en délire.

CONFIDENT.

LE BARON.
Plus vous êtes fâché, plus vous me faites rire.

FLORANGE *d'un ton fier & piqué.*
Je n'aurois jamais cru que cela fût plaisant.

LE BARON.
Et cela l'est pourtant ; demandez.

FLORANGE *à la Comtesse.*
A présent
Vous pouvez librement suivre vos goûts, Madame ;
On ne vous gêne point.

LE BARON *au Comte, en riant.*
Il est bon, sur mon ame.

FLORANGE.
Aux yeux de votre pere avoir un favori,
Vous en applaudir même.

LE BARON.
Oui, si c'est un mari.

FLORANGE.
Un mari ! Quoi, c'est-là le Comte de Forville ?

LE BARON.
C'est lui : cela va-t-il vous échauffer la bile ?

FLORANGE.
[*au Comte.*]
Je meurs de honte. O Ciel ! Vous permettez, je crois,
Que je tombe à ses pieds pour la derniere fois.
Je vous ai fait, Madame, une horrible injustice ;
La honte que j'en ai suffit pour mon supplice,
Et j'en dois à vos yeux expirer de douleur.

LA COMTESSE *d'un air dédaigneux.*
Eh, levez-vous, Marquis.

LE BARON.
Comme c'est une erreur,
On vous excuse.

LA COMTESSE.
Non, il est inexcusable ;
Il me connoissoit trop pour me croire coupable :

C'est au dernier excès me manquer de respect,
Et je ne saurois plus supporter son aspect.

[*Elle sort.*]

LE BARON *la suivant.*

Passons donc chez Julie ; on attend sa réponse,
L'oncle du Duc me presse, il faut qu'elle prononce.

SCENE V.

FLORANGE, LE COMTE.

FLORANGE.

Vous êtes donc, Monsieur, le bienheureux époux
De la Comtesse ?

LE COMTE *en souriant.*
Oui.

FLORANGE.
Que ne le disiez-vous ?
Vous m'auriez épargné le ridicule esclandre
Que j'ai fait.

LE COMTE.
Vous avez refusé de m'entendre
Quand j'ai pris le parti de vous tirer d'erreur.

FLORANGE.
N'avois-je pas raison de me mettre en fureur ?
Pourquoi m'avoir trompé par de si longues feintes ?

LE COMTE.
Étoit-ce vous tromper que d'écouter vos plaintes ?
Vous m'avez fait d'abord votre cher confident ;
Est-ce ma faute ?

FLORANGE.
Non, je suis un imprudent.

LE COMTE *en souriant.*
Ma foi, vous l'avez dit.

CONFIDENT.

FLORANGE.

Je ne puis trop le dire,
Et je vous ai donné de beaux sujets de rire.

LE COMTE.

Cela doit vous apprendre à connoître les gens,
Avant de leur ouvrir à fond vos sentimens.

FLORANGE.

Je conviens galamment de mon étourderie ;
Mais vous avez bien loin poussé la raillerie.
Il n'a tenu qu'à vous de me desabuser :
Je vois que ma méprise a dû vous amuser.

LE COMTE.

Oui, je m'amusois fort de votre confidence.
Mais moi-même j'ai fait une grande imprudence ;
Car à quoi m'exposois-je ? Il est bien des maris
Qu'un cas pareil au nôtre auroit peu divertis.

FLORANGE.

Oh ! je vous en répons ; & plus heureux que sage,
La Comtesse vous sert à souhait, dont j'enrage.

LE COMTE.

Je vous suis obligé.

FLORANGE.

Vous auriez mérité
Qu'on n'eût pas eu pour vous plus de fidélité
Que pour moi ; mais je vois qu'elle vous aime encore,
Et que vous l'adorez.

LE COMTE.

Ma foi, si je l'adore,
Ce n'est pas sans raison.

FLORANGE.

Ces beaux feux s'éteindront,
Patience.

LE COMTE.

Pour moi, je croi qu'ils dureront.

FLORANGE.

Oh ! nous verrons.

I iij

LE MARI

LE COMTE.

Du moins j'y ferai mon possible.

FLORANGE.

Vous-vous croyez, sans doute, un mérite invincible.

LE COMTE *en riant.*

Le vôtre, par bonheur, n'a pas trop opéré.

FLORANGE.

Ma foi, je m'en console.

LE COMTE.

Ah ! je vous en sai gré.

FLORANGE.

Et je n'aspire plus qu'à prendre ma revanche.
J'avois peine à changer, mais enfin mon cœur penche
Vers l'infidélité ; c'est le plus sûr moyen
De punir l'infidelle.

LE COMTE *en souriant.*

Eh, cela se peut bien.

FLORANGE.

Oh ! j'en suis assuré ; car bien que la Comtesse
De suivre son exemple elle-même me presse,
Comptez qu'au fond du cœur sa gloire en gémira,
Et peut-être si haut qu'elle me vengera.
Quel triomphe pour lors ce sera pour la mienne !
J'attens qu'avec sa sœur le Chevalier revienne
Pour me la faire voir, & préparer les nœuds
Qui, grace à mon dépit, sont l'objet de mes vœux.
Mais ce Duc m'inquiéte, & je crains que Julie
Ne m'immole à son rang : aidez-moi, je vous prie,
A soutenir son cœur contre l'ambition.
Vous devez me servir en cette occasion :
Tant que je serai libre, il est toujours à craindre
Que mon feu ne renaisse ; achevons de l'éteindre.
Je croi, sans vanité, que c'est votre intérêt ;
Car, malgré mon dépit...

LE COMTE.

Le Chevalier paroît ;

De son aimable sœur il a la confiance,
Et vous pouvez, par lui, savoir ce qu'elle pense.

SCENE VI.
JULIE, FLORANGE.

FLORANGE
courant au-devant d'elle.

AH, mon cher Chevalier, je vous revois enfin !
Vous me laissez en proie au plus cruel chagrin.
　　　　　JULIE.
Qu'est-ce qui vous chagrine ?
　　　　　FLORANGE.
　　　　　　　　　Un incident horrible,
Auquel je dois compter que vous serez sensible.
　　　　　JULIE.
Apprenez-le-moi donc.
　　　　　FLORANGE.
　　　　　　　　On traverse mes vœux :
J'ai tout à redouter d'un rival dangereux.
Non content de s'offrir, il sollicite, il presse.
　　　　　JULIE.
Quoi, quelqu'un vient ici séduire la Comtesse ?
Morbleu, quel qu'il puisse être, il mourra de ma main,
Et ce fer, à vos yeux, va lui percer le sein.
　　　　　FLORANGE.
Eh, comment pouvez-vous me soupçonner encore
D'être l'amant jaloux d'un objet que j'abhorre,
Avec qui j'ai rompu de bouche & par écrit ?
　　　　　JULIE.
Quoi, suivant mon conseil...
　　　　　FLORANGE.
　　　　　　　　Aussi-tôt fait que dit,

I iiij

J'ai tracé sur le champ la plus piquante lettre
Qu'un dépit furieux pût jamais se permettre.
JULIE.
Rien n'est plus héroïque. Eh, quel est ce rival
Qui peut, me dites-vous, vous devenir fatal ?
FLORANGE.
Vous ignorez encor qu'on demande Julie ?
JULIE.
Oui ; car j'étois allée chez mon ancienne amie.
Comme elle n'est pas loin, nous nous voyons souvent,
Et nous n'avions qu'un cœur autrefois au couvent.
FLORANGE *d'un air rêveur.*
Au couvent, Chevalier ?
JULIE *à part.*
    O Ciel, quelle imprudence !
Il faut la réparer.
FLORANGE.
  Mais vous rêvez, je pense.
JULIE *en souriant.*
Non, je m'explique mal. Cette amie, entre nous,
Est une belle à qui je faisois les yeux doux
Quand j'allois au couvent visiter la Comtesse.
On veut la marier, & son pere s'empresse
Pour le parti qui s'offre, & qui lui paroît bon.
FLORANGE.
J'entens.
JULIE.
  C'est un parent du jeune Duc d'Albon,
Qui le protége fort auprès de mon amie.
FLORANGE.
Savez-vous que ce Duc veut épouser Julie ?
JULIE.
Quoi, c'est là ce rival dont vous parliez ?
FLORANGE.
      C'est lui.
Son oncle le propose, & veut dès aujourd'hui,

Même dès ce moment, conclure cette affaire.
JULIE.
Qui vous a dit cela ?
FLORANGE.
C'est Monsieur votre pere.
Qu'en dites-vous, mon cher ? Ouvrez-moi votre cœur.
JULIE.
A mon avis, le Duc nous fait bien de l'honneur.
FLORANGE.
Quoi, cela vous séduit ?
JULIE.
Pour une ambitieuse,
Cette tentation seroit bien dangereuse.
FLORANGE.
Je vous entens: Julie a le cœur assez vain
Pour me sacrifier.
JULIE.
Cela n'est pas certain.
FLORANGE.
Mais près d'elle, du moins, vous devez me défendre.
JULIE.
Nous verrons.
FLORANGE.
Nous verrons ! Vous me faites comprendre
Qu'entre le Duc & moi vous allez balancer.
JULIE.
Mais laissez-nous, du moins, le loisir d'y penser.
FLORANGE.
Ah ! Si je suis aimé, l'affaire est décidée.
JULIE.
Vous avez de l'amour une très-haute idée ;
Mais dans un cœur de fille il prend un rang plus bas,
Lorsque la vanité lui dispute le pas.
FLORANGE.
J'augurois beaucoup mieux de celui de Julie.
Faites que je lui parle un moment, je vous prie.

A vous dire le vrai, j'ai peine à concevoir
Pourquoi je ne saurois parvenir à la voir.
JULIE.
Donnez-vous patience.
FLORANGE.
Eh, pourquoi ce myſtére ?
Il me devient ſuſpect, & je ne puis m'en taire.
JULIE.
Ce myſtére eſt fondé ſur de bonnes raiſons,
Qu'en temps & lieu, mon cher, nous vous dévoilerons.
FLORANGE.
Mais cependant le Duc avance ſa pourſuite :
J'apprends qu'avec ardeur ſon oncle ſollicite.
Eh quoi, ſouffrirez-vous, ayant tant fait pour moi,
Qu'on me faſſe l'affront...
JULIE.
Je vous entens, je crol.
FLORANGE.
Comment donc ?
JULIE.
Proprement, c'eſt une vaine gloire
Qui vous fait ſur le Duc ſouhaiter la victoire ;
Voilà le vif objet de votre paſſion :
Pour l'amour, il n'en eſt nullement queſtion.
FLORANGE.
Eh, morbleu, Chevalier, faut-il le dire encore ?
Julie ayant vos traits, comptez que je l'adore.
Que j'expire à l'inſtant, ſi je ne vous dis vrai !
JULIE.
Vous le croyez ainſi, mais faiſons en l'eſſai.
FLORANGE.
Quoi donc, vous exigez une nouvelle épreuve ?
JULIE.
Vraiment oui, je l'exige. Il nous faut une preuve
Qui ne laiſſe aucun doute ; &, ſi-tôt qu'on l'aura,
Je promets que Julie à vos yeux s'offrira.

FLORANGE.
Voyons donc.
JULIE.
Aurez-vous la force & le courage,
Marquis, de demander Julie en mariage
Devant la Comtesse ?
FLORANGE.
Oui, je vous en fais serment :
Mais aussi jurez-moi très-solemnellement
Que sur le Duc d'Albon j'aurai la préférence.
JULIE.
Je ne veux m'engager qu'après l'expérience :
Comme vous agirez, on agira pour vous.
FLORANGE.
Je m'abandonne donc à l'espoir le plus doux,
Cher ami.
JULIE.
Pour hâter l'effet de ma promesse,
Il faut que vous voyiez au plûtôt la Comtesse.
FLORANGE.
Qui, moi, la voir encor? Pourquoi?
JULIE
Pour la prier
De venir chez mon pere, & de vous appuyer
Pour obtenir ma sœur.
FLORANGE.
Mais songez, je vous prie,
Qu'elle m'a défendu...
JULIE.
-Mais songez que Julie
L'exige absolument.
FLORANGE.
La Comtesse croira
Que je veux la braver, & s'en offensera.

JULIE *gravement.*

Écoutez ces trois mots : ménager la Comtesse,
C'est obliger Julie à devenir Duchesse.

FLORANGE *voulant sortir.*

Je ne balance plus.

SCENE VII.

LE BARON, JULIE, FLORANGE.

LE BARON *à Julie.*

AH, je vous trouve enfin !
Eh, d'où venez-vous donc, mon petit libertin ?

JULIE.

Je viens de visiter ma chere Céliante.
Elle m'avoit écrit une lettre pressante,
Qui ne pouvoit souffrir aucun retardement :
J'ai couru, j'ai volé, j'arrive en ce moment.

LE BARON.

Il est bien question des affaires des autres,
Quand nous sommes pressés de travailler aux vôtres.

JULIE.

Aux miennes ? Quelle affaire ai-je donc, s'il vous plaît ?

LE BARON.

Vous prenez à Julie un si vif intérêt,
Que le sien est pour vous une affaire réelle ;
Déterminez-la donc. Un Duc s'offre pour elle.
Je sai que j'ai promis, même sur mon honneur,
De souffrir que son choix fût celui de son cœur ;
Mais, dans le cas présent, si son cœur est bien sage,
Il ne s'en prévaudra que pour son avantage.

JULIE.
La sagesse & le cœur sont rarement d'accord.
LE BARON.
Je ne le vois que trop ; mais pressez-la si fort
Que la sagesse enfin...
JULIE.
Souffrez qu'on délibére
Pendant quelques momens.
LE BARON *tirant Julie à l'écart.*
Non, non ; c'est une affaire
Qui doit flatter Julie, & qu'on veut terminer
Sur le champ.
JULIE.
Mais enfin...
LE BARON *bas à Julie.*
Morbleu, sans raisonner,
Je veux que de ma part vous lui fassiez entendre
Que je serois charmé d'avoir un Duc pour gendre,
Qu'il n'est plus question d'aucun autre projet :
Cessons de manœuvrer, il faut venir au fait.
Allez la disposer à paroître...
JULIE *bas au Baron.*
De grace,
Ne dites rien encore au Marquis.
LE BARON *haut.*
Je me lasse
De tout ceci : partez.
JULIE.
Attendez un moment.
LE BARON.
Au fait, vous dis-je encor ; pressons le dénouement.
JULIE.
Il ne tardera pas.
LE BARON.
Dites bien à Julie
Que je veux voir la fin de cette comédie.

FLORANGE.
Eh, quelle comédie est-ce qu'on joue ici ?
LE BARON.
Vous y jouez un rôle, & moi j'y joue aussi.
Mais le meilleur de tous, par ma foi, c'est le vôtre.
FLORANGE *d'un air fier.*
C'est le mien.
JULIE.
Oui. Pour moi, j'en vais jouer un autre.
FLORANGE.
Quel autre ?
JULIE.
Vous verrez.
FLORANGE.
Qu'entendez-vous par-là ?
JULIE.
Faites ce que j'ai dit, ne pensez qu'à cela.
Vous-même vous voyez combien l'affaire presse.
Sans perdre un seul instant, allez voir la Comtesse.
FLORANGE.
Je vous obéis, mais...
JULIE.
Songez...
LE BARON *les séparant.*
Que de propos !
Prétendez-vous long-temps troubler notre repos ?
[*à Julie.*]
Je veux du sérieux. Vous m'entendez, je pense.
Concluez, ou je vais prononcer la sentence.

Fin du quatriéme acte.

ACTE V.

SCÈNE PREMIÈRE.

FLORANGE.

AH! cruel Chevalier, à quoi m'engages-tu?
Par un injuste éclat j'ai blessé la vertu :
Faut-il donc la braver pour mériter Julie?
Mais dois-je ménager l'ingrate qui m'oublie
Dès que je disparois, & qui fait son bonheur
D'une infidélité qui m'arrache le cœur?
Car, malgré mon dépit, je la regrette encore,
Et je sens que je hais un objet que j'adore.
Que j'adore! & je puis m'avouer ce retour!
Non, ma gloire irritée a détruit mon amour :
Un trop juste mépris triomphe de l'ingrate,
Jusqu'au dernier excès je prétens qu'il éclate ;
Suivons ce qu'il m'inspire, &, loin de balancer,
Achevons de me vaincre à force d'offenser.
D'ailleurs, puis-je souffrir qu'un rival m'humilie?
Que son rang l'autorise à m'enlever Julie?
Il est de mon honneur de ne lui point céder.
Pour triompher de lui, je vais tout hasarder :
Cet objet suffit seul pour vaincre ma foiblesse,
Et j'oserai briguer l'appui de la Comtesse.

SCENE II.

LE COMTE, FLORANGE.

FLORANGE.

Vous venez à propos.

LE COMTE.

De quoi s'agit-il donc, Marquis ?

FLORANGE.

De me sauver le plus sensible affront.
Entre le Duc & moi, le Chevalier balance.

LE COMTE.

Oh, oh !

FLORANGE.

Je ne veux pas vous vanter ma naissance ;
Mais vous n'ignorez point que je suis né d'un sang
Qui peut aller de pair avec le plus haut rang.

LE COMTE.

Tout le monde le sait.

FLORANGE.

Cependant on l'oublie ;
Pour un titre de moins, je vais perdre Julie :
Quelle honte pour moi !

LE COMTE.

C'est donc là le motif
Qui seul vous intéresse, & qui vous rend si vif ?
On peut vous supplanter, votre gloire est émûe :
Pour Julie...

FLORANGE.

Après tout, je ne l'ai jamais vûe ;
Comment puis-je l'aimer ? J'ai peine à concevoir
Pourquoi je ne saurois parvenir à la voir.

LE COMTE.

LE COMTE.

Un peu de patience.

FLORANGE.

A quoi bon ce myſtére ?
Il me devient ſuſpect, je ne puis plus le taire.
Je ſoupçonne, entre nous, qu'elle a moins de beauté
Que l'aimable portrait dont mon cœur eſt flatté,
Et qui certainement ſurpaſſe la copie
Qu'on oſe me promettre en me montrant Julie.

LE COMTE.

La copie eſt fidelle, on ne vous trompe pas ;
Et...

FLORANGE.

Qu'elle offre à mes yeux ou plus ou moins d'appas,
C'eſt maintenant l'objet de la moindre importance ;
Mais, ſi ſur moi le Duc avoit la préférence,
Ce feroit pour ma gloire un incident cruel,
Et j'en reſſentirois un déplaiſir mortel.

LE COMTE *en ſouriant*.

Dont vous vous guéririez en aimant la Comteſſe.

FLORANGE.

Je n'en répondrois pas. Vous voyez ma foibleſſe,
Prévenez ce retour.

LE COMTE.

Volontiers ; mais en quoi
Pourrois-je vous ſervir ?

FLORANGE.

On exige de moi
Que j'oſe la prier de me faire une grace.

LE COMTE.

Une grace !

FLORANGE.

Oui, Monſieur.

LE COMTE.

Que veut-on qu'elle faſſe ?

Tome X. K

FLORANGE.
Le généreux effort d'agir en ma faveur,
Pour empêcher le Duc de m'enlever sa sœur.
Mais puis-je m'en flatter ? Je l'ai trop offensée.

LE COMTE.
Je sai que contre vous elle est très-courroucée ;
Mais elle est généreuse, & je vais l'en prier.

FLORANGE.
Cela ne suffit pas.

LE COMTE.
Pourquoi ?

FLORANGE.
Le Chevalier
Prétend que je la voie, & l'en presse moi-même.
C'est user envers moi d'une rigueur extrême,
J'ai peine à m'y résoudre ; & cependant il faut
Que malgré son courroux je lui parle au plûtôt.
Faites-moi, je vous prie, obtenir audience.

LE COMTE.
Je ne vous répons pas qu'elle ait la complaisance
Que vous sollicitez : elle a cent fois juré
De ne vous voir jamais.

FLORANGE.
Je suis très-assuré
Que si vous la priez de m'écouter encore,
Vous saurez l'obtenir car elle vous adore,
Je ne le sai que trop.

LE COMTE.
Il faut donc l'éprouver,
Dans un quart-d'heure, au plus, venez me retrouver,
Je vous introduirai, si la chose est possible.

FLORANGE.
A vos bontés, Monsieur, je serai très-sensible.
Pour en hâter l'effet, je vous laisse un moment.

SCENE III.

LE COMTE *seul*.

Rien n'est plus singulier que cet événement.
Il faut donc me résoudre à conjurer ma femme
De revoir son amant ! Je suis une bonne ame !
Pas si bonne pourtant : l'excès de ma bonté
Ne tend qu'à contenter ma curiosité.
Je brûle d'éprouver si ma discrette épouse,
Des progrès de sa sœur, n'est point un peu jalouse ;
Et si son cœur, au fond, ne seroit point charmé
Que le Duc fît exclure un amant trop aimé.
Si le Marquis obtient l'effet de sa priere,
Elle a sur elle-même une victoire entiere ;
Mais s'il est refusé, je serai trop certain
Que pour vaincre l'amour elle combat en vain.
La voici justement ; tâchons d'avoir la preuve
Que sa rare vertu peut être à toute épreuve.

SCENE IV.

LE COMTE, LA COMTESSE.

LA COMTESSE.
Le Marquis sort d'ici, ce me semble ?
LE COMTE.
        Oui vraiment ;
LA COMTESSE.
Eh, que vous vouloit-il ?

LE COMTE.
          Il souhaite ardemment
De vous parler.
    LA COMTESSE.
    A moi ?
    LE COMTE.
          Vous voilà toute émûe ?
    LA COMTESSE.
A-t-il encor le front de s'offrir à ma vûe ?
Que peut-il me vouloir ?
    LE COMTE.
          Ma foi, je n'en sai rien.
Vous pourrez me le dire après votre entretien,
En cas que vous vouliez m'en faire confidence.
    LA COMTESSE.
Oh, je vous la ferai. C'est en votre présence
Que je veux l'écouter, si vous me l'ordonnez.
    LE COMTE.
Eh, fi donc !
    LA COMTESSE.
    En un mot, je le veux.
    LE COMTE.
          Comprenez
Une fois pour toujours, que ma parfaite estime,
Du plus léger soupçon, sauroit me faire un crime.
    LA COMTESSE.
Plus vous comptez sur moi, plus je dois m'appliquer
A ne hasarder rien qui puisse vous choquer.
Concluons : voulez-vous que je parle à Florange ?
    LE COMTE *vivement.*
Eh oui.
    LA COMTESSE.
    Demeurez donc.
    LE COMTE.
          Vous étes bien étrange.

CONFIDENT.

LA COMTESSE.
Vous l'êtes plus que moi, de vouloir m'exposer.
LE COMTE.
Avec tant de vertu, vous pouvez tout oser.
LA COMTESSE.
Elle me le défend.
LE COMTE.
Eh ! trêve de scrupule.
Voulez-vous, dites-moi, me rendre ridicule ?
Car si je reste ici quand Florange viendra,
D'un sentiment jaloux il me soupçonnera ;
Il en rira, sans doute, & j'en aurai la honte.
Sauvez-moi ce chagrin.
LA COMTESSE.
Mais, Monsieur, à ce compte,
La gloire peut sur vous beaucoup plus que l'amour.
Ce que je fais pour vous mérite du retour,
Ce me semble.
LE COMTE.
Ah ! comptez que ma reconnoissance...
LA COMTESSE.
Cependant, quand j'exige un peu de complaisance,
Riant de l'embarras auquel vous m'exposez,
De peur d'être raillé, vous me la refusez.
Je ne m'en cache point, ce refus m'est sensible.
LE COMTE.
Apprenez qu'aujourd'hui l'objet le plus risible
Est un mari jaloux. Tous nos fats du bel air,
Pour n'être point crus tels, paroissent de concert,
Raillant de leur malheur de peur qu'on ne les fronde ;
Et leur illustre exemple impose à tout le monde.
LA COMTESSE.
Qu'il vous impose ou non, je n'en croirai que moi.
La mode ne m'est rien, mon devoir est ma loi.

LE COMTE.
Mais je me fie à vous, à quoi bon ce scrupule ?
Un excès de vertu peut être ridicule.
Lafontaine.

SCENE V.

LE COMTE, LA COMTESSE, LAFONTAINE.

LAFONTAINE.

Monsieur

LE COMTE.
      Va-t-en dire au Marquis
Que Madame l'attend.

LA COMTESSE.
    Mais...

LE COMTE.
      Calmez vos esprits,
Je demeure avec vous.

LA COMTESSE *à Lafontaine.*
     Ah ! me voilà tranquille.
Qu'il vienne donc.

      [*Lafontaine sort.*]

SCENE VI.

LE COMTE, LA COMTESSE.

LE COMTE.

JE suis un mari bien facile!
LA COMTESSE *en souriant.*
Ah! vous êtes trop bon de faire cet effort.
LE COMTE.
Sachez m'en gré, Comtesse, ou vous avez grand tort.

SCENE VII.

FLORANGE, LE COMTE, LA COMTESSE.

FLORANGE.
Madame, pardonnez si j'ose encore attendre
Une grace de vous. Voulez-vous bien m'entendre?
LE COMTE.
Sans doute elle le veut : pouvez-vous en douter?
LA COMTESSE.
Il le devroit, du moins ; mais il faut l'écouter,
Puisque vous l'ordonnez.
LE COMTE.
Ma présence le gêne;
Je vous laisse en repos achever votre scéne.
LA COMTESSE *au Comte.*
Non, Monsieur, s'il vous plaît, je vous retiens ici.

LE COMTE.

Eh! laissez-moi sortir.

LA COMTESSE.

Je m'en vais donc aussi.

[à Florange.]   [le Comte reste.]

Je ne voulois, Marquis, vous parler de ma vie,
Que lorsque vous seriez le mari de Julie.

FLORANGE.

Faites donc qu'au plus tôt vous le voyiez en moi.
Elle a déja mon cœur, assurez-lui ma foi.
Vous avez tout pouvoir sur Monsieur votre pere;
Et le plus grand plaisir que vous puissiez me faire,
C'est que vous m'honoriez d'un si puissant appui,
Qu'il veuille en ma faveur décider aujourd'hui.
On m'oppose un rival que j'ai tout lieu de craindre;
Mais à se désister vous sauriez le contraindre,
Si pour moi vous faisiez un effort généreux.

LA COMTESSE *d'un ton fier & piqué.*

Un effort, dites-vous? Si pour vous rendre heureux
Mon crédit peut suffire, il n'est rien, je vous jure,
Qui puisse me causer une joie aussi pure.
Rien ne me coûte moins que de vous seconder.

FLORANGE.

Vous avez pris le soin de m'en persuader.

LA COMTESSE.

Soyez-en donc bien sûr.

FLORANGE.

Et c'est cette assurance
Qui fonde en vos bontés toute ma confiance,
Et qui me fait risquer de recourir à vous,
Pour obtenir l'effet de mes vœux les plus doux.

LA COMTESSE.

Vous l'obtiendrez, Monsieur, si l'on daigne m'en croire.

FLORANGE.

Vous devoir mon bonheur, quelle sera ma gloire!

LA COMTESSE.

CONFIDENT.

LA COMTESSE.

Cela suffit.

FLORANGE.

Comptez...

LA COMTESSE.

Marquis, vous voulez bien
Que nous ne poussions pas plus loin cet entretien.
Je vais agir pour vous...

FLORANGE.

Et ma reconnoissance
Sera du moins égale.

LA COMTESSE *d'un air de mépris.*

Eh, je vous en dispense.

SCENE VIII.

LE COMTE, LA COMTESSE.

LE COMTE *en souriant.*
S'il croyoit vous braver, votre noble fierté
Doit l'avoir, ce me semble, un peu déconcerté.
Vous êtes un prodige, il faut que je vous loue;
Mais vous étiez piquée.

LA COMTESSE.

Oui, Comte, je l'avoue.
Me venir de sang froid demander mon appui!
Ah! je n'attendois pas un si beau trait de lui.
Qu'en dites-vous?

LE COMTE.

Ce trait frise l'impertinence.

LA COMTESSE *vivement.*

C'en est une.

LE COMTE.

A peu près.

Tome X.

LE MARI

LA COMTESSE.
                        C'étoit assez, je pense,
Qu'un billet outrageant exhalât son dépit :
Pour obtenir ma sœur implorer mon crédit,
C'est au dernier excès pousser l'impolitesse,
Et la dureté même.

LE COMTE *en riant.*
                    Ah, ma pauvre Comtesse,
Que vous l'aimez encor ! dites-le franchement.

LA COMTESSE.
L'orgueil plus que l'amour m'agite en ce moment.
Le devoir sur mon cœur a gagné la victoire,
Mais il n'a pas encor triomphé de ma gloire.
Mon sexe de l'amour peut vaincre le transport ;
Vaincre la vanité, c'est son dernier effort.

LE COMTE.
Mais la vôtre, après tout, ne souffre aucun dommage.
Obéir à votre ordre, est-ce vous faire outrage ?
Vous pressez le Marquis d'épouser votre sœur ;
Il tâche à l'obtenir, cela vous fait honneur.
Tout bien considéré, ce n'est point une injure.

LA COMTESSE.
Ce n'en étoit point une avant notre rupture :
Vouloir me voir ensuite, & me solliciter,
Ce n'est point m'obéir, c'est venir m'insulter.

LE COMTE.
Oui, vous me rappellez à ma premiere idée ;
Il vouloit vous braver.

LA COMTESSE.
                        J'en suis persuadée.

LE COMTE.
Et j'en suis convaincu. Vengez-vous.

LA COMTESSE.
                                    Eh, comment ?

LE COMTE.
Loin de le seconder, agissez vivement

Pour le Duc.
LA COMTESSE.
Pour le Duc ! Vous me croyez bien femme !
Accordez-moi du moins un peu de grandeur d'ame :
Personne, mieux que vous, n'en a connu l'effet.
LE COMTE.
J'en conviens. Enfin donc, quel est votre projet ?
LA COMTESSE.
D'agir de bonne foi pour seconder Florange.
Il me brave, il m'offense, & ma vertu me venge.
Pour faire son bonheur plus l'effort sera grand,
Mieux je le convaincrai qu'il m'est indifférent :
C'est ce que mon devoir & ma gloire m'inspirent.
LE COMTE.
Ma foi, tous ces héros que les hommes admirent,
Méritent moins que vous leurs éloges pompeux,
Et vous feriez de moi l'homme le plus heureux
Si j'avois votre cœur.
LA COMTESSE.
Vous l'aurez, j'en suis sûre;
Soyez-en sûr aussi, c'est lui qui vous le jure.
LE COMTE *avec vivacité.*
Savez-vous que je vais devenir votre amant ?
LA COMTESSE.
Comte, vous plaisantez.
LE COMTE.
Non, sérieusement.
Vous êtes aujourd'hui la femme singuliere.
Vous me forcez enfin à changer de maniere :
C'est peu de vous aimer, je vais le publier,
Et montrer à mon tour un mari singulier.
LA COMTESSE.
Que diront nos plaisans ?
LE COMTE.
D'avance je les brave.
De ces fades railleurs je cesse d'être esclave :

Plus ils m'assailliront, plus je ferai content.
Eh! ne vous dois-je pas cet hommage éclatant?
Tout l'exige de moi, quoi qu'ils en puissent dire.
Je ferai plus.

LA COMTESSE.

Quoi donc?

LE COMTE.

Pour les faire mieux rire,
Non content à leurs yeux d'être amoureux de vous,
Je me donnerai l'air de paroître jaloux.
Peut-on mieux triompher d'une mauvaise honte,
Et braver le Public?

LA COMTESSE.

C'en est trop, mon cher Comte;
De grace, épargnez-moi cette preuve d'amour.

LE COMTE.

Ah! voici votre sœur plus belle que le jour.

SCENE IX.

JULIE *en habit de femme*, LE COMTE, LA COMTESSE.

LA COMTESSE *à Julie*.

Enfin, ma chere enfant, vous voilà sous les armes.
Pour enchanter le Duc vous reprenez vos charmes,
Apparemment. Ce soir il doit venir ici,
A ce que l'on m'a dit.

JULIE.

On me l'a dit aussi.

LE COMTE.

Quel parti prenez-vous?

JULIE.

Je suis bien incertaine,

CONFIDENT.

LA COMTESSE.
Je ne le croyois pas. Êtes-vous assez vaine
Pour immoler Florange à votre ambition?
JULIE.
J'ai peine à surmonter mon inclination;
Mais je veux éprouver si Florange en est digne.
A braver vos appas, il faut qu'il se résigne.
LA COMTESSE.
Comment?
JULIE.
En vous priant de m'obtenir pour lui.
LA COMTESSE.
Est-ce tout?
JULIE.
Non; je veux que sûr de votre appui,
Il s'adresse à mon pere, & qu'en votre présence
Il me demande à lui, mais avec tant d'instance,
Tant d'ardeur, qu'il me prouve, à n'en pouvoir douter,
Que son premier penchant ne peut plus l'arrêter:
Ce sont-là les deux points qu'absolument j'exige.
LA COMTESSE *en souriant.*
Sans vous embarrasser qu'il me plaise ou m'afflige?
JULIE.
Je connois votre force, & je n'en puis douter.
LA COMTESSE.
Mais vos prétentions pourroient le rebuter.
JULIE.
Non; car il m'a promis d'agir en conséquence.
LA COMTESSE.
Ah! j'ai donc vû l'effet de son obéissance
Sur le premier article; il s'en est acquitté.
JULIE.
Tout de bon?
LA COMTESSE.
Oui, ma sœur.

L iij

LE MARI

LE COMTE.
         Et d'un air de fierté
Qui pour le second point est d'un fort bon augure.
JULIE.
C'est-là que je l'attens. D'avance je vous jure,
S'il n'ose devant vous me demander ma foi,
Que mon ambition disposera de moi.
Entre nous, le Duché me donne du courage.
LA COMTESSE.
J'ai supporté pour vous le plus sensible outrage
De la part du Marquis, & de votre côté
Vous devez seconder ma générosité.
Vous aimez trop Florange...
JULIE.
         Ah! j'en suis désolée.
Il faut absolument qu'il m'ait ensorcelée.
Refuser un Duché! je suis folle à lier.
N'importe. J'ai quitté mon habit cavalier
Pour m'offrir au Marquis sous ma propre figure;
Je veux en voir l'effet, & ne puis rien conclure.
LE COMTE.
Ne vous a-t-il point vûe encor sous ces habits?
JULIE.
Point du tout; aussi-tôt que je les ai repris,
Pour vous en avertir je suis vîte accourue.
LA COMTESSE.
Il faut donc avancer la premiere entrevûe;
Nous allons l'amener. Mais le voici, je crois.
JULIE.
C'est lui-même; laissez-le un moment avec moi.

SCENE X.

FLORANGE, JULIE.

FLORANGE *à part.*

LE Chevalier se cache; il m'évite, je pense.
[*appercevant Julie.*]
Mais est-ce-là sa sœur ? Ciel, quelle ressemblance !

JULIE *à part.*

Le voilà bien surpris ! il doit l'être.

FLORANGE *à part.*

       Mes yeux
N'ont jamais rien trouvé de si prodigieux.
Qu'un rapport si parfait & me frappe & m'étonne !
Ou le frere & la sœur sont la même personne,
Ou la nature en eux a sû se répéter.
 [*Il s'approche peu à peu de Julie en la considérant,
  puis il dit :*]
Oh ! c'est le Chevalier qui veut me plaisanter.
Vous croyez m'éblouir ; soyez sûr, je vous prie,
Que je reconnois bien le frere de Julie.

JULIE *d'un air sérieux.*

Moi son frere ?

FLORANGE.

Lui-même.

JULIE *après avoir ri.*

      Ah ! le trait est charmant !
Je ne m'attendois pas à ce doux compliment.

FLORANGE *à part.*

C'est sa voix, c'est son ton, c'est son air, c'est lui-même.
 [*haut.*]
Vous voulez me prouver que cette sœur qui m'aime,

Mérite qu'on l'adore. Oui, Chevalier, vos traits
Sous ce déguisement ont encor plus d'attraits.
Si vous étiez la sœur, ce que je ne puis croire,
Vous ne douteriez plus d'une pleine victoire.

JULIE.

Sérieusement ?

FLORANGE.

Oui ; dites à votre sœur,
Que son divin portrait triomphe de mon cœur,
Qu'elle compte sur moi, qu'elle n'ait plus d'alarmes.

JULIE.

Cet habit à vos yeux redouble donc mes charmes ?

FLORANGE.

Sous l'un & l'autre aspect vous êtes tour à tour,
Belle comme Vénus, ou beau comme l'Amour.

JULIE.

Eh bien, je suis Julie.

FLORANGE.

En vous tout plaît, tout brille ;
Mais je ne vous croi point...

SCENE XI.

LE BARON, LE COMTE, JULIE, FLORANGE.

LE BARON *à Julie.*

Or écoutez, ma fille.

FLORANGE *au Comte.*

Sa fille ?

LE COMTE.

Oui, Marquis.

FLORANGE *au Comte.*
Vous en étes auſſi?
LE COMTE.
Comment donc?
FLORANGE.
Je vois bien qu'on eſt d'accord ici
Pour rire à mes dépens.
LE COMTE.
Sur quoi?
FLORANGE.
La comédie
Dure un peu trop long-temps, & montrez-moi Julie
En propre original.
LE BARON.
Parbleu, le trait eſt bon!
Ne la voyez-vous pas?
FLORANGE.
Vous plaiſantez, Baron,
Le Chevalier m'a dit qu'il changeroit de rôle,
Et de fort bonne grace il m'a tenu parole,
Il contrefait ſa ſœur à ravir; mais enfin,
J'ai ſenti l'artifice.
LE BARON.
Ah, que vous étes fin!
FLORANGE.
Oui, je le ſuis, Baron, & vous le fais connoître.
LE BARON.
Vous étes défiant quand il ne faut pas l'être;
Tantôt vous deviez l'être, & l'on vous a trompé,
Ainſi donc vous voilà doublement attrapé.
FLORANGE.
Quoi, vous me ſoutenez...
LE BARON.
Oh, vous allez me croire;
Car il eſt temps enfin de terminer l'hiſtoire.

Ma fille, en quatre mots, prenez votre parti ;
Car je vous donne au Duc.
LE COMTE.
Vous aviez confenti
Qu'elle fuivît son goût.
LE BARON.
Oui ; mais je confidere
Que je ferois un fou de manquer cette affaire,
Je reprens ma parole. Adieu, mon cher Marquis:
J'inclinois fort pour vous, mais j'ai changé d'avis.
JULIE.
Mon pere, révoquez cette loi rigoureuſe,
Je fens qu'avec le Duc je ne puis être heureuſe.
J'implore à vos genoux votre bonté pour moi.
LE COMTE à Florange.
La croyez-vous Julie ?
FLORANGE.
Ah, qu'eſt-ce que je voi !
Je n'en puis plus douter. Ce que je me rappelle
M'enchante, me ravit, & décide pour elle.
Voulez-vous donc auſſi que je tombe à vos pieds ?
Il faut abſolument que vous me l'accordiez ;
Elle a trop fait pour moi pour que l'on nous ſépare.
Le Duc m'en répondra.
LE BARON.
Souffrir qu'elle s'égare
Juſques à refuſer...
JULIE.
Si le cœur n'eſt content,
Eſt-il dédommagé par un titre éclatant ?
LE BARON.
Sentiment romaneſque. Oh ! Tu feras Ducheſſe,
Ou je le ferai, moi.

SCENE DERNIERE.
LES ACTEURS PRÉCÉDENS;
LA COMTESSE.

FLORANGE.

Souvenez-vous, Comtesse,
Que vous m'avez promis un généreux appui.
Le Baron veut le Duc, & me chasse pour lui.

LA COMTESSE.

Quel parti prend ma sœur ?

FLORANGE.

L'adorable Julie
Se déclare pour moi.

LE BARON.

Voyez quelle folie.

LA COMTESSE.

Non, mon pere, elle est sage.

LE BARON.

A l'autre. Par ma foi,
Je ne vois plus ici de gens sensés que moi :
Aussi ne veux-je plus en croire que moi-même,
Et je prétens user de mon pouvoir suprême.

LA COMTESSE.

Quand vous en useriez, ce seroit sans effet.

LE BARON.

Quoi, ventrebleu...

LA COMTESSE.

J'ai mis l'oncle du Duc au fait;
Je l'ai fort exhorté de cesser sa poursuite;
Il m'a crue, & mon homme est parti tout de suite.

Enfin, très-poliment, je l'ai congédié.
LE BARON *au Comte.*
Je battrois volontiers votre chere moitié.
Je vais trouver le Duc, & renouer l'affaire.
LA COMTESSE.
Après ce que j'ai dit, il n'en voudra rien faire,
J'ose vous en répondre.
LE BARON *au Comte.*
Eh bien, qu'en dites-vous ?
LE COMTE.
Je dis qu'elle a bien fait.
LE BARON.
Vous extravaguez tous.
LA COMTESSE.
N'aviez-vous pas promis...
LE BARON.
Allons, il faut se rendre ;
Puisque chacun le veut ; embrassez-moi, mon gendre.
LE COMTE *à la Comtesse.*
Votre vertu produit cet heureux incident,
Et vous comblez les vœux du Mari confident.

FIN.

L'ARCHI-MENTEUR,
OU
LE VIEUX FOU DUPÉ,
COMÉDIE.

ACTEURS.

LE MARQUIS.

LA MARQUISE.

LE COMTE, leur fils.

JULIE, sœur du Comte.

LE BARON, amant de Julie.

MONTVAL, amant de Julie.

CLARICE, sœur du Baron.

DORTIERE, amant de Julie & de Clarice.

La scène est dans le château du Marquis.

L'ARCHI-MENTEUR,

OU

LE VIEUX FOU DUPÉ,

COMÉDIE.

ACTE PREMIER.

SCENE PREMIERE.

LA MARQUISE, LE COMTE, JULIE.

LA MARQUISE *à Julie.*
A prendre auprès de vous, il la reconnoîtra.
JULIE.
Mon frere, à ce qu'il croit, la dépaysera.
LE COMTE *à la Marquise.*
Je m'en fais fort.
LA MARQUISE *au Comte.*
Mais, quoi, mensonge sur mensonge !
LE COMTE.
C'est l'effet du malheur où mon pere me plonge ;

Je ne mens qu'avec lui.
LA MARQUISE *en riant.*
Bon, bon !
LE COMTE.
Sa dureté
M'en a fait de tout temps une nécessité.
Il m'a tout refusé dès ma tendre jeunesse,
Mes besoins ne pouvoient animer sa tendresse :
Quand je les exposois tout naturellement,
Il ne m'écoutoit point ; mais insensiblement
J'exagerai le vrai, puis j'inventai des fables
Qui le touchoient bien plus que des faits véritables.
Voyant l'heureux succès de ma dextérité,
Je ne lui disois plus un mot de vérité.
Enfin, si d'un menteur j'ai pris le caractére,
Il n'en faut accuser que l'humeur de mon pere,
Qu'on ne peut adoucir sans apprêt & sans art,
Et que le naturel touche moins que le fard.
Heureusement pour moi, si le faux l'intéresse,
On le lui fait goûter sans beaucoup de finesse ;
Il s'y livre aisément, & je suis étonné
Qu'encor d'aucun mensonge il ne m'ait soupçonné.
J'ose donc présumer que ma chere Clarice,
Soutenant que ma sœur l'a prise à son service,
Peut, comme sa suivante, être auprès d'elle ici,
Et que nous ne courons aucun risque en ceci.
Je conviens avec vous qu'il doit la reconnoître ;
Mais moi, de son esprit je me suis rendu maître,
Sans jamais de son cœur avoir pû me saisir,
Et lui fais croire tout, selon mon bon plaisir.
LA MARQUISE.
Vous croira-t-il plûtôt que ses yeux ?
LE COMTE.
Je m'en flatte.
LA MARQUISE.
L'entreprise, mon fils, me paroit délicate.

Vous

Vous savez à quel point il est prompt, emporté ;
Et s'il parvient enfin jusqu'à la vérité,
Il vous régalera d'une vive apostrophe.
LE COMTE.
Mon pere m'a rendu menteur & philosophe :
A ses emportemens j'oppose le sang froid ;
Mon flégme le désarme, il s'adoucit & croit
Tous les faits que j'invente : étonné qu'à mon âge
J'aye un extérieur si prudent & si sage,
Il n'imagine pas qu'un Caton tel que moi
Voulût rien hasarder contre la bonne foi.
JULIE
Il le faut avouer, vous étes admirable
Par l'air dont vous savez lui donner une fable
Pour un fait avéré : moi-même quelquefois
Je donne dans le piége, il m'entraîne, & je crois.
LE COMTE.
De plus fines que vous pourroient s'y laisser prendre.
LA MARQUISE.
Pour moi, presque jamais je ne puis m'en défendre :
Vous m'imposez toujours, même sans y viser,
Si vous ne prenez soin de me désabuser ;
Mais le mensonge en vous devient une habitude.
LE COMTE.
N'ayez à cet égard aucune inquiétude.
Au fond, je le déteste, & je n'ignore pas
Qu'il n'est point de défaut plus honteux ni plus bas :
Mes principes en tout sont conformes aux vôtres.
JULIE.
Vous en donnez souvent à garder à bien d'autres
Qu'à mon pere.
LE COMTE.
   Oh, fort peu, si ce n'est au Baron ;
Qui, menteur par nature, est un sot fanfaron,
Un bravache insolent, campagnard à boutades,
Dont j'aurois reprimé vingt fois les incartades,

Si je n'afpirois pas au précieux bonheur
D'être bien-tôt l'époux de fa charmante fœur.
Quand il vient me conter fes rares aventures,
Récits faftidieux, groffieres impoftures,
Loin de le réfuter, je charme mon ennui
En me donnant l'ébat de renchérir fur lui :
Par cent faits merveilleux je le force à fe taire.
Le menfonge avec lui d'ailleurs m'eft néceffaire
Pour l'amour de Clarice, & de vous-même auffi
Dont il brigue le cœur : il eft toujours ici,
Et fans moi vous auriez l'honneur d'être fa femme ;
Car d'un joli projet j'ai découvert la trame.
Mon pere, qui foupire en fecret pour la fœur
De ce fade Baron, feconde fon ardeur,
Efpérant obtenir que par reconnoiffance
Il engage Clarice à quelque complaifance.
Je fai que le Baron ne veut que l'amufer ;
Que preffé vivement, il tâche à s'excufer
Sur de fortes raifons qu'à toute heure il invente ;
Mais mon pere piqué, gronde & s'impatiente.

JULIE.
Cela n'eft pas poffible.
LA MARQUISE.
Il ne dit que trop vrai,
Ma fille.
JULIE.
Quel exemple !
LA MARQUISE.
On en va voir l'effai :
Clarice va paroître en habit de fuivante.
Comme il la trouvera tout-à-fait reffemblante
A la beauté qu'il aime, un objet fi touchant
Décélera d'abord fon coupable penchant :
Son cœur impétueux, qui ne fait jamais feindre,
Cédant à fes tranfports, ne pourra fe contraindre;

Et nous révélera la secrette raison
Pour laquelle il prétend vous donner au Baron.
   LE COMTE *à la Marquise.*
De-là nous ferons naître une scéne comique,
Qui le rendant confus, vous rendra despotique ;
Et pour fuir un éclat dont vous lui ferez peur,
Il faudra qu'il consente à faire mon bonheur.
   JULIE *à sa mere.*
Quoi, vous consentirez que l'on me sacrifie
Au Baron ?
   LE COMTE.
   Point du tout : & je vous certifie
Que nous ferons si bien, qu'avant la fin du jour
Il sortira d'ici guéri de son amour.
   LA MARQUISE.
Mais je trouve, après tout, Clarice bien hardie ;
Son rôle est délicat dans cette comédie.
   LE COMTE.
Et quel risque court-elle avec Dortiere & moi ?
Au défaut de la force, il est permis, je croi,
Contre ses ennemis, d'employer l'artifice.
Mon pere ne veut pas que j'aille chez Clarice :
Quand il m'y rencontroit, il étoit en fureur,
Le Baron complaisant, défendant à sa sœur
De recevoir de moi ni lettre ni visite,
Près de lui chaque jour s'en faisoit un mérite ;
Mais Clarice s'est mise en pleine liberté
Par un expédient avec moi concerté.
Elle a feint que sa tante extrêmement malade,
Demandoit à la voir : une fausse ambassade
La pressant de partir sans perdre un seul moment,
Elle est montée en chaise avec empressement.
Dortiere en postillon conduisoit la voiture ;
Et, comme heureusement la nuit étoit obscure,
Tout-à-coup tournant bride, il l'a conduite ici.
Par un autre bonheur, notre amoureux transi

Étoit céans encor quand Clarice est partie,
Et n'a pas eu le temps de rompre la partie.
LA MARQUISE.
Mais, quoique déguisée, il la reconnoîtra;
Je vous le dis encor.
LE COMTE.
Peu nous importera.
Piquée, avec raison, contre son lâche frere,
Elle veut le jouer aussi-bien que mon pere,
Et par cent traits naïfs, mais fins, malicieux,
Elle démentira le rapport de leurs yeux.
Je la seconderai par tant de menteries,
Qu'ils prêteront le flanc à nos plaisanteries.
Clarice paroissant sous le nom de Fanchon,
Nous ferons perdre terre à Monsieur le Baron :
C'est l'objet principal de toutes nos manœuvres.
Que nous allons lui faire avaler de couleuvres !
Dortiere son rival, aujourd'hui mon valet,
Saura subtilement m'aider dans ce projet.
Pour l'amour de ma sœur, il entre à mon service :
Comme ma sœur au sien vient de prendre Clarice,
Nous voilà trois amans qui vont, dans ce château,
Parvenir à leurs fins sur un plan tout nouveau.
C'est moi, sans vanité, qui conduirai l'intrigue,

[*à sa mere.*]

Et vous nous aiderez en entrant dans la ligue.
LA MARQUISE.
Avec bien du plaisir j'agirai de mon mieux
Pour punir mon mari d'oser, même à mes yeux,
Et devant ses enfans, avoir une foiblesse,
Dans un âge qui doit l'exemple à la Jeunesse :
J'en suis piquée au vif, & je m'en vengerai ;
Comptez sur moi, mon fils.
LE COMTE *à Julie.*
Et vous ?

L'ARCHI-MENTEUR.

JULIE.

Je me tairai.

LE COMTE.

Beau rôle ! Il faut parler.

JULIE.

Non, j'en suis incapable,
Et ne puis dire rien qui ne soit véritable ;
J'abhorre le mensonge.

LE COMTE.

Oh, les belles façons !
Tenez, ma chere sœur, en deux ou trois leçons
Je vous ferai mentir aussi-bien que moi-même.

JULIE.

Jamais.

LE COMTE.

Mais songez donc que Dorriere vous aime,
Que je vous le destine, & que vous l'acceptez.

JULIE.

Je l'accepte ? Non pas.

LE COMTE.

Mais, si vous résistez,
Vous allez devenir un reste de famille.
Je connois bien mon pere, il vous laissera fille
Si vous ne vous aidez.

JULIE.

Je n'y puis consentir,
Et je n'ai ni l'esprit, ni le front de mentir.

LE COMTE.

Il faut vous dégourdir, & montrer du courage.

JULIE.

Je n'ai pas celui-là.

LE COMTE.

Si timide à votre âge !
Quelle honte ! Songez que vous avez vingt ans :
Je n'en ai guére plus.

JULIE.
Chacun a ses talens :
L'imagination chez vous est très-brillante ;
La mienne, je l'avoue, est tardive & pesante.
LE COMTE.
Et pourroit tout gâter. Il faut que votre amant,
Par mes instructions, la mette en mouvement.
Je suis las de vous voir toujours sombre & rêveuse.
De l'ombre de Montval étes-vous amoureuse ?
Ou bien vous flattez-vous qu'il pourra revenir ?
JULIE.
Ah ! Ne rappellez pas ce cruel souvenir ;
Et si Montval est mort...
LE COMTE.
Si, dites-vous, ma belle ?
N'en ai-je pas reçû la fâcheuse nouvelle
Bien circonstanciée ? En osez-vous douter ?
JULIE.
Mon frere, vous avez le talent d'inventer,
Et je m'apperçois bien que de toute maniere
Vous voulez dans mon cœur introduire Dortiere,
Et que vous prétendez en bannir son rival ;
Ainsi je puis douter de la mort de Montval.
LE COMTE.
Ce doute opiniâtre, & m'offense, & me pique.
Montval est mort, vous dis-je, au fond de l'Amérique ;
Dans un combat naval, tué sur son vaisseau,
La mer, à votre amant a servi de tombeau.
Ce vaisseau de retour, à ce que l'on assure,
Confirme hautement sa funeste aventure :
Puisqu'il est revenu sans ramener Montval,
On ne peut plus douter de son destin fatal ;
Enfin le fait est sûr, & j'en jurerois même.
D'ailleurs, songez, ma sœur, que Dortiere vous aime,
Qu'il est puissamment riche, & qu'il vaut mieux cent
fois

L'ARCHI-MENTEUR.

Que votre amant défunt.
JULIE.
Je fai ce que j'en crois,
Mais, mon frere, après tout, pourquoi m'offrir Dor-
tiere ?
Avez-vous oublié ce qu'en a dit mon pere ?
Il ne peut le fouffrir, parce qu'il hait le fien
Depuis le grand procès...
LE COMTE.
Ma fœur, je le fai bien ;
C'eft par cette raifon que Dortiere fe cache
Sous l'habit d'un laquais, & que moi je m'attache
A réconcilier nos vieillards. Oui, je veux,
Par l'hymen projetté, les réunir tous deux.
LA MARQUISE.
J'approuve fon deffein : quoiqu'au fond je regrette
Votre aimable Montval, je fuis très-inquiéte
De vous voir pour Dortiere un peu trop de froideur,
Et la raifon devroit lui donner votre cœur.
JULIE.
Si mon pere le veut, j'époufe rai Dortiere ;
Mais mon cœur n'y confent en aucune maniere.
LE COMTE.
Puifque Montval n'eft plus, il y confentira.
JULIE.
Ce cœur étoit à lui, fans ceffe il y vivra.
Je fors pour vous cacher ma douleur & mes larmes.

SCENE II.

LA MARQUISE, LE COMTE.

LE COMTE.

Ce diable de Montval avoit donc bien des charmes?

LA MARQUISE.

Autant qu'il est possible.

LE COMTE.

Il m'étoit inconnu ;
Et pendant tout le temps qu'il est ici venu,
J'étois au régiment.

LA MARQUISE.

Il auroit sû vous plaire :
Son mérite a touché jusques à votre pere,
Qui lui faisoit toujours un accueil gracieux.
Quoiqu'il sortît d'anciens & d'illustres ayeux,
Il ne se vantoit point de sa haute naissance ;
Il avoit l'esprit vif, & beaucoup de prudence ;
Une taille parfaite, un port majestueux,
De beaux traits, un air grand, & point d'airs fastueux :
En tous lieux estimé par son brillant courage,
Qui l'avoit avancé dès la fleur de son âge,
Il approchoit déja des postes les plus hauts,
Et sous un beau dehors ne cachoit nuls défauts.

LE COMTE

Ma sœur l'aimoit beaucoup ; mais l'aimoit-il de même ?

LA MARQUISE.

Il témoignoit pour elle une tendresse extrême,
Et l'avoit demandée avec empressement ;
Mais un ordre imprévû pressa l'embarquement
Qui l'éloigna de nous sans souffrir de remise.
Nous n'avons pû savoir la route qu'il a prise,

Et

Et c'est par vous enfin qu'on sait que de ses jours
Un combat malheureux a terminé le cours.
Comme je ne croi pas la nouvelle bien sûre,
Je vais écrire en Cour...

LE COMTE.

Non, je vous en conjure.
A rompre mes projets pouvez-vous consentir ?

LA MARQUISE.

Comment donc ?

LE COMTE.

Avec vous je ne veux point mentir ;
Je n'ai tué Montval que pour servir Dortiere,
Et rendre à son égard ma sœur un peu moins fiere.

LA MARQUISE.

Quoi, ce combat naval...

LE COMTE.

Est une fiction,
Où j'ai bien fait briller l'imagination ;
N'est-il pas vrai ? Quel feu ! Quels efforts de génie !
Dans mon récit pompeux, quelle noble harmonie !

LA MARQUISE.

Vous êtes, je l'avoue, un excellent menteur.
N'avez-vous pas pitié de votre pauvre sœur ?
Ce chef-d'œuvre de l'art l'afflige & la désole.

LE COMTE.

Ne vous alarmez point, Dortière la console.
Hâtons-nous cependant, Montval est de retour,
Et je sai que bien-tôt il arrive à la Cour ;
Mais nous le préviendrons, j'ose me le promettre.

LA MARQUISE.

Montval à votre sœur peut écrire une lettre.

LE COMTE.

En effet, je croi bien que Montval écrira ;
Mais, à coup sûr, sa lettre en mes mains tombera ;
Et, pour vous dire tout, la premiere est venue :
Par ma précaution, c'est moi seul qui l'ai lûe.

S'il en écrit quelqu'autre, on saura l'arrêter
Jusqu'à ce qu'il soit temps de le ressusciter.

LA MARQUISE.

Je veux bien jusqu'au bout pousser la complaisance;
Parce que vos projets assurent ma vengeance;
Mais j'ai sur votre ami certain pressentiment
Qui me glace pour lui : je sai certainement
Qu'on le taxe par-tout d'un mauvais caractére.

LE COMTE.

Bon, pure médisance.

LA MARQUISE.

Et pour ne vous rien taire,
Clarice est vive & belle, elle a bien de l'esprit;
Mais elle est très-coquette, à ce que chacun dit.

LE COMTE.

Moi, je la garantis aussi sage que belle.

LA MARQUISE.

Dorriere me paroît tout au mieux avec elle.

LE COMTE.

C'est qu'il lui fait ma cour, il l'entretient de moi,
La presse incessamment de m'assurer sa foi,
Et l'instruit à jouer son nouveau personnage.
De son zéle pour moi j'ai déja plus d'un gage.
Je l'avois conjuré de gagner le Baron :
Assidu complaisant de ce plat fanfaron,
Il a sû pénétrer jusqu'au fond du mystere
Qui chez lui si souvent avoit conduit mon pere ;
Et bien sûr que j'étois enchanté de la sœur,
C'est par lui qu'elle a sû mon amoureuse ardeur.
Il exigea de moi, qu'avec le même zéle,
Pour lui donner ma sœur, j'agirois auprès d'elle,
Et que pour avancer notre double projet,
Il entreroit ici sous l'habit de valet.

LA MARQUISE.

J'entens.

LE COMTE.
De nos secrets vous voilà bien instruite.
LA MARQUISE.
Tout au mieux ; mais Dieu sait quelle en sera la suite.
LE COMTE.
N'en soyez point en peine.

SCENE III.

DORTIERE en livrée, LA MARQUISE, LE COMTE.

LE COMTE.

Ah, Dortiere, c'est toi !
DORTIERE.
Vous vous trompez, Monsieur, je suis Lafleur.
LE COMTE.
Ma foi,
Si tu n'es pas Lafleur, ta figure l'annonce.
DORTIERE.
A mon nom, à mon rang, pour jamais je renonce,
Jusqu'à ce que l'amour ait couronné mes feux.
Je suis un Jupiter ardemment amoureux,
Qui parvient par adresse auprès de ce qu'il aime,
Et la métamorphose est mon talent suprême.
Mais je ne mens encor que par les actions ;
Tu m'apprendras, mon cher, l'art des expressions,
Et j'ose me flatter qu'ayant un si grand maître,
Je pourrai t'égaler, te surpasser peut-être.
LA MARQUISE.
J'en doute.

LE COMTE.
   Mon ami, point tant de vanité :
Si tu peux parvenir jusqu'à l'égalité,
Tu seras trop heureux.
   DORTIERE.
      J'ai déja l'impudence
Nécessaire aux menteurs ; & malgré ta jactance,
Je n'aurai pas long-temps besoin de tes leçons,
Ni Clarice non plus.
   LE COMTE.
   Tout de bon ?
   DORTIERE.
        J'en répons.
Elle a déja changé les traits de son visage,
Et d'une villageoise attrappé le langage.
Rien de plus imposant que sa naiveté.
Comme elle contrefait l'innocente beauté,
Que jamais le miroir n'instruisit de ses charmes !
Ton cœur sera blessé de ses nouvelles armes ;
Et son air, sa coëffure, & son petit corset,
Vont faire sur tes sens un violent effet.
   LE COMTE.
Je brûle de la voir, & tout mon cœur se livre
A ses nouveaux attraits.
   DORTIERE.
      Elle devoit me suivre,
Je l'attens : tu vas voir si je mens.
   LE COMTE.
        Oh, je crois
Que tu ne prendras pas cette peine avec moi,
A moins que ce ne soit pour essayer ta verve.
   DORTIERE.
Je vais avec ton pere exercer ma Minerve ;
Mais avec toi, mon cher, je m'en garderai bien :
Mon génie étonné tremble devant le tien.

L'ARCHI-MENTEUR.

LE COMTE *d'un ton ampoullé.*
J'aime à voir que du moins vous vous rendiez justice.
LA MARQUISE.
Tréve de complimens... Seroit-ce là Clarice ?
DORTIERE.
Elle-même.
LA MARQUISE.
Tout franc, je la méconnoîtrois,
Si je n'étois au fait.
DORTIERE *au Comte.*
Vois si j'exagérois.

SCENE IV.

CLARICE *en paysanne*, LA MARQUISE, DORTIERE, LE COMTE.

LE COMTE.
Bonjour, belle Fanchon.
CLARICE *d'un ton niais.*
Monsieur, votre servante.
LE COMTE.
Dortiere disoit vrai, vous voilà plus charmante
Encor que vous n'étiez.
CLARICE
faisant la révérence d'un air honteux.
Monsieur...
LA MARQUISE.
Son air naïf
Est enchanteur.
CLARICE *faisant comme dessus.*
Madame...
LA MARQUISE.
Elle a l'œil un peu vif

N iij

Pour une villageoise.

CLARICE
toujours sur le même ton.

Hélas, quelle injustice !
Mon œil est innocent, & n'a point de malice ;
Il ne fait ce que c'est que de lancer du feu.

LA MARQUISE.

Vous feriez bien pourtant de l'amortir un peu,
On y voit trop d'esprit, & l'innocence pure
L'annonce moins.

CLARICE *d'un air naïf.*

Madame, excusez la nature.

LA MARQUISE.

Ce trait s'accorde mal avec l'air innocent :
Cachez mieux votre esprit, & changez votre accent.

CLARICE *toujours du même air.*

Madame, Guieu marci, j'avons pus d'un langage,
Et je savons parler comme on parle au village.

DORTIERE.

A merveille.

LE COMTE.

Oui, ma foi.

LA MARQUISE.

Mais la façon d'agir
Doit suivre le propos.

LE COMTE.

Oui.

LA MARQUISE.

Savez-vous rougir ?

CLARICE *d'un air vif.*

Vous me faites, Madame, une étrange demande.
On peut avoir un rire & des pleurs de commande ;
Mais je n'ai jamais sû, jusques à ce moment,
Que l'on eût la rougeur à son commandement.

L'ARCHI-MENTEUR.

DORTIERE.
C'est beaucoup d'avoir l'art de pleurer & de rire
Quand on veut.

LE COMTE.
L'avez-vous ?

CLARICE.
Oh ! vous n'avez qu'à dire.
Chacun rit aisément, mais j'excelle à pleurer.

LE COMTE.
C'est l'arme du beau sexe ; on ne peut s'en parer,
Elle nous bat toujours.

CLARICE.
Chaque sexe a ses armes ;
Vous avez le pouvoir, & nous avons les larmes :
Pour moi, j'en ai toujours une source au besoin ;
Mon frere peut le dire, & je le méne loin
Quand il me tyrannise : à propos & sans peine,
De mon œil attendri je fais une fontaine ;
Mon frere capitule, & j'ai ce que je veux.

LA MARQUISE.
De votre œil, dites-vous ? Moi, je pleure des deux,
Quand je m'y mets.

CLARICE.
Mon art surpasse donc le vôtre.

LA MARQUISE.
Comment ?

CLARICE.
Je ris d'un œil, & je pleure de l'autre.

LE COMTE.
Oh, talent merveilleux ! Ma belle, apparemment
Que vous savez mentir aussi facilement ?

CLARICE.
Tout aussi-bien que vous, sans vanité.

LE COMTE.

Mon pere
Va donc voir du pays.

CLARICE.

Oui, oui, laissez-moi faire.
Vous serez bien adroit, si vous me surpassez.

LE COMTE.

Tâchez de m'égaler, c'en sera bien assez.

DORTIERE.

Et moi donc ? Croyez-vous tous deux que je vous céde ?
Vous êtes bien heureux de ce que je vous aide.

LE COMTE.

Quelle présomption ! Crois-tu, de bonne foi,
Sur le champ, sans rêver, inventer comme moi ?
Ce talent merveilleux s'acquiert par l'exercice.

DORTIERE.

Va, croi-moi, dans cet art je ne suis pas novice.

LE COMTE.

Pour avoir des égaux, j'ai l'esprit trop fécond.
Vous ne ferez tous trois que mentir en second ;
Je suis l'*ARCHI-MENTEUR*.

DORTIERE.

J'ai l'imaginative ;
Quand je la mets en train, aussi prompte que vive.

LE COMTE *à la Marquise*.

Madame, vous voyez qu'on va bien vous venger.
Il n'est plus question que de nous arranger.

DORTIERE.

J'ai mon plan dans ma tête.

LE COMTE.

Et mon plan dans la mienne.
Il faut les accorder, & que tout se convienne.

CLARICE.

N'épargnons pas mon frere.

L'ARCHI-MENTEUR.

LE COMTE.
On lui garde un bon lot.

DORTIERE.
Comme il est plein d'orgueil, il est doublement sot.

CLARICE.
Oh, dites triplement, pour lui rendre justice.

DORTIERE *au Comte.*
Il faudra pour ton pere un peu plus d'artifice.

LE COMTE.
Ma foi, non ; près de lui j'ai toujours réussi.

DORTIERE *à la Marquise.*
Madame veut donc bien vous seconder aussi ?

LA MARQUISE.
Afin de le forcer à rentrer en lui-même,
J'entrerai volontiers dans tout le stratagême.

LE COMTE.
Autrefois sur un rien il entroit en soupçon ;
Et vous voilà jalouse.

LA MARQUISE.
Il eut tort, j'ai raison.

CLARICE.
Madame, apparement, a sujet de s'en plaindre.

LA MARQUISE.
Parlez à cœur ouvert, il n'est plus temps de feindre ;
Ne vous a-t-on rien dit de la convention
Que votre frere & lui...

CLARICE.
L'insinuation
M'en fut faite un beau jour de la part de mon frere ;
Par Monsieur que voici, confident du myftére.
J'en informai le Comte ; & c'est sur son projet
Que me voilà suivante.

DORTIERE.
Et que je suis valet.

L'ARCHI-MENTEUR.

CLARICE *à la Marquise.*
Nous sommes, vous & moi, vivement outragées:
Secondez-moi, Madame, & nous serons vengées.

LA MARQUISE.
Venez chez moi tous trois, on s'y concertera.

LE COMTE.
S'il ne tient qu'à mentir, tout nous réussira.

Fin du premier acte.

ACTE II.

SCENE PREMIERE.

LE BARON.

CE vieux fou de Marquis ne voyant plus Clarice,
Souffre patiemment que mon amour languisse :
Sa fille me méprise ; il adore ma sœur,
Qui, bien-loin de l'aimer, le hait de tout son cœur.
Il ne s'en doute pas, & grace à sa folie,
Je puis encore prétendre à la main de Julie ;
Sauf à le renvoyer à sa vieille Junon,
Quand leur fille avec moi ne pourra dire non.
Ah, que mal-à-propos ma sœur est disparue !
Depuis son prompt départ je fais le pied de grue
Chez l'amant suranné qui jureroit sa foi,
Qu'elle a pris ce parti de concert avec moi.
Je veux me raccrocher avec mon vieux satyre :
Pour réveiller l'espoir du bonheur qu'il desire,
Il ne faut que mentir, & mentir de mon mieux...
Mais la Marquise est femme à m'arracher les yeux :
Sur le moindre soupçon la Dame entre en furie,
Et qui pis est, son fils n'entend point raillerie.
Par bonheur il me craint, & me croit un César,
Et je le deviendrai sûrement tôt ou tard.
Je suis né brave au fond, mais j'ai trop de prudence,
Et n'ose me livrer à toute ma vaillance ;
Sans cela, par la mort, je ferois tout trembler.
Ma chienne de raison vient toujours me troubler.
Dès que je veux me battre, elle me dit : *Prens garde*
Ce mal-adroit pourroit te tuer par mégarde ;

Et puis, adieu tes biens, ton rang, ta qualité.
Cette réflexion m'a toujours arrêté.
Cependant ma valeur me paroît sans égale,
Mais il lui faut encor deux ou trois ans de salle ;
C'est à quoi je conclus, & dans trois ans d'ici
Je serai la terreur de tout ce pays-ci.
Tâchons, en attendant que ma valeur éclate,
A regagner mon homme : il adore une ingrate ;
Je suis en même cas : en réchauffant son cœur,
Je puis adroitement assurer mon bonheur.
Mais sa brutalité souvent m'impatiente ;
Et comme je n'ai pas l'humeur trop endurante ;
En dépit de l'amour souvent nous nous brouillons.
Le voici : je prévois que nous querellerons :
Il paroît furieux.

SCENE II.

LE MARQUIS, LE BARON.

LE BARON.

Quel air mélancolique!
Songez-vous à ma sœur ?

LE MARQUIS.

Oui ; son départ me pique.
Au diable soit la tante ; elle pouvoit mourir
Sans avertir Clarice, & la faire courir.
Pour quitter ce bas monde, il lui faut une niéce
Au chevet de son lit ; & pour me faire piéce,
Cette vieille maudite aura la cruauté,
Pendant peut-être un mois, d'être à l'extrémité.

LE BARON.

Elle aura tort.

L'ARCHI-MENTEUR.

LE MARQUIS.
Sans doute.
LE BARON.
Il faut le lui défendre.
LE MARQUIS.
Je veux être pendu, si vous êtes mon gendre.
LE BARON.
Si ma tante languit, est-ce ma faute à moi ?
LE MARQUIS.
Vous deviez retenir votre sœur.
LE BARON.
Sur ma foi,
Je n'ai sû son départ qu'après qu'elle est partie.
LE MARQUIS.
Allons donc la chercher ; faisons cette partie
Secrettement.
LE BARON.
Non, non, la chose éclatera ;
La Marquise est jalouse, elle fulminera,
Et contre moi déja je sai qu'elle déclame.
LE MARQUIS.
Voyez le grand héros, il a peur d'une femme.
Peste du fanfaron, qui fait le féraillleur.
LE BARON *d'un air fier.*
Rendez grace à l'amour, qui retient ma valeur ;
Sans cela, vous verriez si de vos incartades...
LE MARQUIS.
Eh, ventrebleu, Monsieur, tréve de gasconades,
Ou je vous ferai voir qu'on ne m'impose pas
Par d'éternels récits d'exploits & de combats.
LE BARON.
Vous êtes bien heureux que j'adore Julie.
LE MARQUIS.
Ah, si je n'aimois pas Clarice à la folie !
LE BARON.
Eh bien, que feriez-vous ? dites-moi.

LE MARQUIS.

Que je meure,
Si je ne vous faisois décamper tout-à-l'heure.
LE BARON.
Moi, morbleu, décamper ? Soyez sûr désormais,
Qu'un Baron tel que moi ne décampe jamais.
LE MARQUIS.
C'est ce que nous verrons.
LE BARON.

Têtebleu, je pétille...
LE MARQUIS.
Soit ; mais je vous défens de parler à ma fille.
LE BARON.
Et moi je vous défens de parler à ma sœur.
LE MARQUIS.
Et je prétens la voir, malgré votre valeur.
Pour me rendre chez vous, j'attens son arrivée.
LE BARON.
J'oppose ma prudence à ma valeur bravée.
Patience, morbleu, vous verrez dans trois ans...
LE MARQUIS.
Diable ! pour l'ébranler, il faut donc bien du temps ?
LE BARON.

Ma sœur revient demain, j'en reçois la nouvelle...
LE MARQUIS *d'un air riant.*
Demain ?
LE BARON.

Demain. Venez vous frotter auprès d'elle,
Et vous verrez beau jeu.
LE MARQUIS *prenant un air doux.*

La, la, point de tracas:
Dans huit jours je mettrai ma fille entre vos bras ;
Mais à condition... Vous m'entendez, mon gendre ?
LE BARON.
Pour l'amour de Julie, il faut bien vous entendre ;

Mais faites qu'au plus tôt je reçoive sa main.
LE MARQUIS.
Chez vous sur ce sujet nous parlerons demain.
Vous vous rendrez heureux en me rendant service.
Vous avez donc reçû nouvelle de Clarice ?
Vous écrit-elle ?
LE BARON.
Oui ; quelques mots seulement
M'assurent qu'elle doit revenir promptement.
LE MARQUIS.
Dès demain, disiez-vous ?
LE BARON.
Je l'ai dit par méprise.
Son retour est prochain ; mais pour l'heure précise
Et le jour, elle n'ose encor me le marquer.
LE MARQUIS.
Parle-t-elle de moi ?
LE BARON.
Vraiment !
LE MARQUIS.
Sans vous choquer,
Puis-je vous conjurer de vouloir me permettre
Le plaisir enchanteur de parcourir sa lettre ?
Montrez-la moi, mon cher, que je la baise un peu.
LE BARON
feignant de chercher dans ses poches.
Volontiers. Ah ! ma foi, je l'ai jetée au feu ;
Je l'avois oublié.
LE MARQUIS.
Chienne d'étourderie !
Mais, sur moi, que vous dit Clarice, je vous prie ?
LE BARON.
Eh mais... qu'elle vous fait de tendres complimens.
LE MARQUIS.
Tout de bon ? Me voilà dans des ravissemens...
Tendres, dites-vous ?

L'ARCHI-MENTEUR.

LE BARON.
Oui.

LE MARQUIS.
Expression divine !
Oh ! ma fille est à vous.

LE BARON.
La voici. Je devine
A son air sérieux qu'elle a quelque chagrin.

LE MARQUIS.
Nous lui ferons bien-tôt prendre un air plus serein.
Je m'en vais lui parler de votre mariage;
Ce mot ragaillardit la fille la plus sage.

SCENE III.

JULIE, LE MARQUIS, LE BARON.

LE MARQUIS *à Julie.*
Vous venez à propos.

JULIE.
Je viens vous conjurer
D'approuver mon dessein.

LE MARQUIS.
Quel ?

JULIE.
De me retirer
Demain dans un couvent.

LE MARQUIS.
Oh ! tout doux, je vous prie.
Quel vertigot vous prend lorsque je vous marie ?

JULIE.
Non, Monsieur, il n'est plus aucun parti pour moi.
Hélas ! Montval est mort ; vous le savez, je crois ?

LE MARQUIS.

L'ARCHI-MENTEUR.

LE MARQUIS.
Oui vraiment, je le sai, votre frere l'assure;
Et puisqu'il me l'a dit, la nouvelle est très-sûre.

JULIE.
J'ose encore en douter.

LE MARQUIS.
Point d'espoir séducteur;
Mon enfant; croyez-vous votre frere un menteur?

JULIE.
Je ne dis pas cela; mais...

LE MARQUIS.
Ah! je hais la réplique:
Il n'est point ici-bas d'homme plus véridique;
Ne le savez-vous pas?

JULIE.
Je sai ce qu'il vous plaît.

LE MARQUIS.
Vous doutez donc encor? Je vois bien ce que c'est;
Pour me désobéir, vous cherchez un prétexte.
Écoutez mon sermon, dont trois mots font le texte:
POINT DE COUVENT. Venons ensuite au premier point.
Dortiere se propose, & moi je n'en veux point.
Et par quelle raison? Il est bon Gentilhomme,
Mais fils d'un chicaneur, & d'ici jusqu'à Rome
Il n'est point de mortel que je haïsse plus.
Son fils m'est odieux; ainsi pas superflus
Que tous ceux qu'on hasarde en faveur de Dortiere.
Or, de mon second point, Monsieur est la matiere:
Ce point sera très-court. En trois mots comme en cent.
Voici votre mari.

JULIE.
Si ma mere y consent...

LE MARQUIS.
Votre mere, morbleu? L'affaire est résolue,
Et de ce jour en huit elle sera conclue.

Tome X.

JULIE.

Je doute que ma mere...

LE MARQUIS.

Ah, votre mere encor !
L'objection est bonne, & vaut son pesant d'or.
Voulez-vous toutes deux que Monsieur nous ruine ?

JULIE.

Il n'en a nuls moyens, à ce que j'imagine.

LE MARQUIS.

Imaginez donc mieux ; car, sur votre refus,
Il tireroit de moi cinquante mille écus,
En vertu d'un dédit que nous venons d'écrire
Dans le moment.

LE BARON *à part.*

J'ai peine à m'empêcher de rire.
Où diable a-t-il pêché tout d'un coup ce dédit ?

LE MARQUIS.

En tout cas, mon voisin, gardez bien notre écrit,
Et ne le perdez pas.

LE BARON.

La peste ! je n'ai garde ;
Le voici.

LE MARQUIS.

Serrez bien ; & si l'on se hasarde
De faire à mon dessein quelque opposition,
Faites valoir vos droits, & par provision
Saisissez tous mes biens. Vous pleurez, mijaurée ?
Que votre mere vienne, & faites la sucrée,
On vous fera danser.

LE BARON.

Oui, nous vous apprendrons
Les égards que l'on doit à Messieurs les Barons.

LE MARQUIS *bas au Baron.*

Allons, ferme, mon gendre.

JULIE.
Un amant me menace!
LE BARON à Julie.
Croyez-vous que je sois un Baron de la crasse ?
Vous m'épouserez.
JULIE.
Moi ?
LE BARON.
Malgré vous & vos dents,
Dût-il en résulter de tristes accidens.
LE MARQUIS.
Voilà ce qui s'appelle un homme de courage.
JULIE au Marquis.
Quoi, Monsieur, devant vous vous souffrez qu'on m'outrage ?
LE MARQUIS.
Est-ce vous outrager que vouloir votre main ?
LE BARON.
Vous lui donniez huit jours, mais ce sera demain.
LE MARQUIS.
Demain soit.
JULIE.
Juste Ciel !
LE MARQUIS.
Préparez-vous, la belle,
Et ne vous piquez pas de faire la cruelle,
Ou par la ventrebleu... Mais que vois-je ?
LE BARON.
Ma sœur,
Ou j'ai les yeux brouillés.

SCENE IV.

CLARICE *en suivante villageoise*, LE MARQUIS, JULIE, LE BARON.

LE MARQUIS *courant à Clarice.*

Ah ! vous voilà, mon cœur ?
Le plaisir de vous voir me charme & me transporte.
Quoi, déja de retour ? Votre tante est donc morte ?
Mais pourquoi vous montrer en habit villageois ?

CLARICE.

Monsieur, je n'entens pas.

LE MARQUIS.

Vous vous moquez, je crois.

CLARICE *à Julie.*

Mademoiselle.

JULIE *d'un air impatient.*

Eh bien ?

CLARICE *lui faisant la révérence.*

Madame vous demande.

LE BARON *à Clarice.*

Que faites-vous ici ?

CLARICE *d'un ton niais.*

Tout ce qu'on m'y commande.
Quand on est en service, on fait tous ses efforts
Pour contenter le monde.

JULIE *au Marquis.*

Excusez si je sors ;
Je vais trouver ma mere.

LE MARQUIS.

Ah ! quelques mots, de grace.

L'ARCHI-MENTEUR.

CLARICE à Julie.

Madame vous attend.

JULIE.
Voyons ce qui se passe.

CLARICE à Julie.
Vous suivrai-je ?

JULIE.
Venez.

LE MARQUIS.
Eh, que diable est ceci ?

[à Clarice.]
Vous sortez ?

CLARICE lui faisant la révérence.
Oui, Monsieur.

LE MARQUIS.
Non, demeurez ici.

SCENE V.

CLARICE, LE MARQUIS, LE BARON.

CLARICE.
Ma maîtresse m'appelle.

LE MARQUIS.
Eh qui, je vous supplie ?

CLARICE.
Mademoiselle.

LE BARON.
Bon ! vous, vous servez Julie ?

CLARICE.
Oui, depuis quinze jours. Elle a bien des bontés pour moi. Je suis si neuve !

LE MARQUIS.

Ah! vous nous balottez.
Cessez ce badinage, adorable Clarice;
Des filles comme vous n'entrent point en service.
Mais puis-je me flatter que ce déguisement
Tend à favoriser votre fidéle amant?

CLARICE.

J'aurois un amant? moi? Je suis trop innocente,
Et la pauvre Fanchon est bien votre servante.

LE MARQUIS.

Fanchon! Y pensez-vous?

CLARICE.

Oui, Monsieur, c'est mon nom;
Dans tout notre village on m'appelle Fanchon.

LE BARON.

Dans votre village?

CLARICE.

Oui; demandez à mon pere,
Il pourra vous le dire, aussi bien que mon frere.

LE BARON.

Mais c'est moi qui le suis, ou je ne suis qu'un sot.
Me méconnoissez-vous?

CLARICE.

Vous, mon frere Janot?

LE BARON.

Moi Janot? A la fin la colere m'emporte.
Tréve de gentillesse, ou j'agirai de sorte...

LE MARQUIS.

Ne vous emportez point, elle se divertit;
Et loin de me fâcher, j'admire son esprit.
Oui, divertissez-vous, ma charmante pouponne.
[*Il lui baise la main.*]

CLARICE.

Fi donc, baiser ma main!

LE MARQUIS.

Quoi, cela vous étonne?

CLARICE.
Oui, par ma fi, Monsieur.
LE MARQUIS.
Votre frere fait bien
Que je vous aime,
CLARICE.
Hélas ! Janot ne m'en dit rien.
LE BARON.
Encor Janot ? Janot !
CLARICE.
Eh quoi ? Quand je le nomme,
Vous vous fâchez ? Pourquoi ?
LE BARON.
Je veux que l'on m'assomme,
Si ma sœur n'est pas folle, ou pire qu'un démon.
Je me lasse à la fin de votre plat jargon.
Je donne quelquefois dans la plaisanterie ;
Mais, morbleu, celle-ci passe la raillerie
Ma sœur, ma sœur. Clarice... Oh, la maudite sœur !
Tu ne répondras pas ?
LE MARQUIS *à Clarice.*
Répondez lui, mon cœur.
CLARICE.
Est-ce à moi que l'on parle ?
LE MARQUIS.
A vous-même, ma belle.
CLARICE.
Je vous l'ai déja dit, c'est Fanchon qu'on m'appelle.
Une fille cheuz nous ne change point de nom
Que quand on la marie.
LE BARON *levant la main.*
Eh quoi, toujours Fanchon ?
CLARICE.
Ce Monsieur me fait peur, je m'en vais.

LE MARQUIS.

Non, ma chere,
[au Baron.]
Ne craignez rien, restez, Vous, tréve de colere,
Ou je me fâcherai.

LE BARON *très-vivement.*

Fâchez-vous, ventrebleu.

SCENE VI.

LE COMTE, CLARICE, LE MARQUIS, LE BARON.

LE COMTE.

Qu'avez-vous donc, Baron ? vous voilà tout en feu.
Vous querellez mon pere, à ce que j'imagine.
Je vous trouve plaisant !

LE BARON.

Oh ! c'est que je badine.

LE COMTE.

Soit ; mais en badinant adoucissez le ton,
Quand c'est avec mon pere... Ah ! Te voilà, Fanchon ?

LE BARON.

A l'autre.

LE COMTE *à Clarice.*

Tu devrois être avec ta maitresse.
Que fais-tu donc ici ?

CLARICE.

C'est Monsieur qui me presse
De rester avec lui.

LE COMTE.

Qui ? Mon pere ?

CLARICE.

L'ARCHI-MENTEUR.

CLARICE.
Oui vraiment.
LE COMTE.
Si mon pere le veut, reste donc un moment ;
Mais souviens-toi, Fanchon, qu'une fille bien sage
Ne s'amuse jamais qu'à faire son ouvrage.
C'est moi qui t'ai donnée à ma sœur ; & je croi
Que je n'ai pas mal fait de répondre de toi ;
Mais, mon enfant, ma sœur te trouve un peu mutine :
Tu ne veux point, dit-elle, obéir à Justine ;
C'est sous elle pourtant que tu dois te former :
Elle te dressera, si tu t'en fais aimer ;
Mais si tu lui déplais, tu peux compter, ma chere,
Qu'auprès d'elle ma sœur ne te gardera guére.
LE MARQUIS.
Mais, mon fils, se peut-il...
LE COMTE.
Mon pere, permettez
Qu'en trois mots je lui dise ici ses vérités.
LE MARQUIS.
Que diable !
LE COMTE.
Cette enfant n'est pas faite au service,
Il est bon de l'instruire, elle est un peu novice.
LE MARQUIS.
Oh ! je n'en doute point ; mais c'est moi, s'il vous plaît,
Qui l'instruirai.
LE COMTE.
Non pas : j'y dois prendre intérêt ;
Car auprès de ma sœur c'est moi qui l'ai produite,
Et c'est par moi, Monsieur, qu'elle doit être instruite ;
On me l'a confiée.
LE BARON.
Eh, qui donc ?

Tome X.   P

LE COMTE.

Jean Toinot
Son bon-homme de pere, & son frere Janot,
Qui pleuroient des deux yeux quand ils me l'ont remise.

CLARICE *feignant de pleurer.*

Je pleurois bien auffi.

LE BARON.

Souffrez que je vous dife...

LE COMTE.

Mon Dieu, les bonnes gens que le pere & le fils !
Ah, qu'ils furent touchés des fermens que je fis
D'avoir foin que Fanchon ne prît point de licence,
Et confervât chez nous fa premiere innocence !
Ils ne fe laffoient point de me remercier.

LE MARQUIS.

Qui diable eft ce Toinot ?

LE COMTE.

Mon pere nourricier :
Ne vous fouvient-il plus de ce pauvre bon-homme ?

LE MARQUIS.

Je me le rappelle ; oui, c'eft Toinot qu'il fe nomme.

LE COMTE.

Et que fa femme fut ma nourrice ?

LE MARQUIS.

En effet.

LE COMTE.

Je dois aimer Fanchon, elle eft ma fœur de lait.

CLARICE.

Mon pere me l'a dit plus de cent fois.

LE BARON.

J'enrage.
Je me laffe à la fin de tout ce badinage.
Ce n'eft pas là ma fœur ?

LE MARQUIS.

Ce n'eft pas là Clarice ?

L'ARCHI-MENTEUR.

LE COMTE.
Allons donc, vous raillez. Votre sœur en service?
Votre sœur villageoise, & fille de Toinot?
Et de plus, propre sœur de ce pauvre Janot?

CLARICE au Comte.
Il me fait endêver, & veut être mon frere.

LE COMTE au Baron.
Cessez de la vexer. Passe encor pour mon pere;
Il veut se réjouir, & je le souffrirai :
Mais vous, soyez plus sage, ou je me fâcherai.

LE BARON
mettant la main sur son épée.
Ventrebleu, fâchez-vous.

CLARICE.
    Ah, bon Dieu, comme il jure!
Il me fait peur.

LE COMTE.
Voyez, la pauvre créature!

CLARICE.
Je n'entendons jamais ces jurons-là cheus nous;
Je n'ons jamais de bruit, je nous aimons tretous;
Je dansons sous l'ormiau le Dimanche & les fêtes;
Et quand c'est en été, je boutons sur nos têtes
Des fleurs que les garçons viennent nous apporter,
Et je ne songeons tous qu'à rire & qu'à sauter.
Hélas! j'ai grand regret à mon pauvre village;
Et le pauvre Colin, qui m'aimoit à la rage,
Et que j'aimois aussi, va mourir de douleur.
Ah! je n'y puis penser sans pleurer de bon cœur.

LE MARQUIS *attendri.*
Elle pleure en effet.

LE COMTE.
    Oui; c'est une innocente.

CLARICE.
Oh! je vais m'en aller, puisqu'on m'impatiente.

Je ne puis plus souffrir le biau monde : en un mot,
Je veux revoir Colin & mon frere Janot.

LE BARON.

Et Janot, & Colin, que la peste les créve !
Je me sens hors de moi, ma valeur se souléve
Quand elle s'apperçoit qu'on veut me plaisanter :
Échappée une fois, je ne puis l'arrêter,
Je vous en avertis ; songez-y, mon cher Comte.

LE COMTE.

J'y songe ; mais, Baron, en vérité, j'ai honte
De votre égarement. Clarice est à Paris ;
Vous la croyez ici. Qui ne seroit surpris
De vous voir soutenir une telle chimere ?
Si c'est là votre sœur, Janot est votre frere.

LE MARQUIS.

La conséquence est juste.

LE COMTE.

Enfin, brave Baron,
Voici certainement, ou Clarice, ou Fanchon ;
Optez. Ou cet enfant n'est point du tout Clarice,
Ou je suis un menteur, & votre sœur complice
Du m'ensonge : à quoi bon ? nous le diriez-vous bien ?
Répondez franchement.

LE BARON.

Ma foi, je n'en sai rien.

LE COMTE.

Pourquoi donc osez-vous me contredire en face ?

LE BARON.

C'est que... peut-on mentir avec autant d'audace ?

LE COMTE

mettant la main sur son épée.

Moi, je mens, têtebleu ? Mon pere, permettez...

LE MARQUIS.

[*au Baron.*]

Tout doux. Il n'a pas tort, & c'est vous qui mentez.

L'ARCHI-MENTEUR.

LE BARON.
Ceci n'est pas mauvais. En quoi donc, je vous prie,
Pourriez-vous me taxer de quelque menterie ?
LE MARQUIS.
Ne m'avez-vous pas dit... (rappellez vos esprits.)
LE BARON.
Quoi donc ?
LE MARQUIS.
Que votre sœur vous écrit de Paris ?
LE COMTE.
Ah, ah ! je suis ravi qu'on en ait eu nouvelle.
LE MARQUIS.
Oui, oui, nous en avons.
LE COMTE *au Baron.*
Comment se porte-t-elle ?
LE MARQUIS.
Au mieux ; elle revient.
LE COMTE.
Et quand ?
LE MARQUIS.
Demandez-lui.
La lettre de Clarice est venue aujourd'hui ;
Voilà ce que lui-même il m'a dit tout-à-l'heure.
LE BARON.
Oui, je l'ai dit ; mais...
LE MARQUIS.
Quoi ?
LE BARON.
Rien, rien.
LE MARQUIS.
Oh, que je meure
Si vous n'extravaguez !
LE COMTE.
Le fait est éclairci ;
Clarice est à Paris, & Clarice est ici.
N'est-il pas vrai, Baron ?

P iij

L'ARCHI-MENTEUR.

LE BARON.

Ah! Vous avez beau rire;
Deux mots vous confondroient, si je voulois les dire.

LE MARQUIS.

Je conclus, à la fin, que mon fils a raison.
Puisque Clarice écrit, cette fille est Fanchon.

LE COMTE *au Baron.*

Vous voilà bien confus.

LE BARON *à part.*

Je ne sai que répondre :
J'ai fourni l'argument qui sert à me confondre.

CLARICE *au Baron.*

Suis-je Clarice encore?

LE BARON *d'un ton furieux.*

Oui, tu l'es, en dépit
De tous les raisonneurs.

LE COMTE *au Marquis.*

Il a perdu l'esprit,
Vous le voyez.

LE MARQUIS.

Sans doute. Ah! Que nous veut cet homme?

SCENE VII.

DORTIERE, LE MARQUIS, CLARICE, LE BARON, LE COMTE.

LE COMTE.

C'Est Lafleur.

LE MARQUIS *envisageant Dortiere.*

Lafleur?

DORTIERE.

Oui; c'est ainsi qu'on me nomme.

L'ARCHI-MENTEUR.

LE MARQUIS *regardant encore Dortiere.*
Lafleur !

LE COMTE.
C'est un laquais que depuis peu j'ai pris.
Que nous veux-tu ?

DORTIERE.
J'apporte un paquet de Paris,
Arrivé par la poste : il s'adresse, je pense,
A Monsieur le Baron. Le bon Monsieur Florence,
Son vieux Concierge, vient de l'apporter ici,
Et je vous le remets.

LE COMTE
regardant le dessus du paquet.
Ah ! ma foi, me voici
Si bien justifié qu'on n'a plus rien à dire,
C'est la main de Clarice.

LE BARON *d'un air confus.*
Il est vrai.

LE MARQUIS.
Je veux lire
Ce qu'elle vous écrit.

LE BARON.
Après moi.

LE MARQUIS.
Non, souffrez
Que j'ouvre le paquet.

LE BARON.
Oh, comme vous voudrez.

LE MARQUIS *lit.*
L'amitié que j'ai pour ma tante,
Mon frere, m'a forcée à partir brusquement.
Je saisis le premier moment
Que je puis dérober à la pauvre mourante,
Pour vous écrire un mot, & suis impatiente
De vous rejoindre promptement ;
Mais, par un grand malheur, le Médecin m'annonce

Que la malade encor traînera quinze jours,
Qui pour moi ne seront pas courts,
Et j'aurai tout le temps de recevoir réponse.
CLARICE.
LE MARQUIS *au Baron, après avoir lû.*
Cette lettre dément ce que vous m'avez dit.
LE BARON.
Nous sommes quitte à quitte, en vertu du dédit.
LE COMTE.
Quel dédit ?
LE BARON.
Il m'entend.
LE COMTE.
Est-ce-là l'écriture
De Clarice ?
LE BARON.
Qui vraiment.
LE COMTE.
Où donc est l'imposture
Dont vous nous accusiez ? N'est-ce pas là Fanchon ?
LE MARQUIS.
L'une ou l'autre, ma foi, c'est un joli bouchon.
LE BARON.
Ce l'est, si vous voulez ; malgré moi je l'avoue.
LE MARQUIS.
Ah, ah, mon cher Baron, c'est ainsi qu'on me joue !
Que sont donc devenus ces tendres complimens ?
Hem ?
LE BARON.
Tout homme est menteur, & quelquefois je mens.
LE COMTE.
Moi, je ne mens jamais ; demandez à mon pere.
LE MARQUIS.
J'en suis sûr ; & souvent il n'est que trop sincere.
LE COMTE *au Marquis.*
Mais en quoi, s'il vous plaît, vous a-t-il donc menti ?

L'ARCHI-MENTEUR.

LE MARQUIS.

Il faut que malgré moi je prenne le parti
Du silence ; entre nous c'est un petit myſtere.

LE BARON *au Comte.*

S'il veut que je me taiſe, il fait bien de ſe taire.

DORTIERE *à Clarice.*

Fanchon, veux-tu venir ?

CLARICE.
Volontiers.

DORTIERE.
Viens, mon cœur.

LE MARQUIS.

Ton cœur, faquin ?

DORTIERE.
Oui-da, ce l'eſt.

LE MARQUIS.
Maître Lafleur,
Puiſque Lafleur y a, votre façon groſſiere...
Je veux être étranglé ſi ce n'eſt la Dortiere.

DORTIERE.

Comme voilà Clarice.

LE MARQUIS *au Baron.*
Oui ; c'eſt ſon air, ſa voix.

Hem ?

LE BARON.
Je ne croi plus rien de tout ce que je vois ;
C'eſt Dortiere à mes yeux, mais Monſieur votre fils,
Si j'oſe le penſer, combattra mon avis.

LE MARQUIS.

Parbleu, je ſuis frappé de cette reſſemblance.
Quoi, tu n'es pas Dortiere ?

DORTIERE *au Comte.*
Il eſt ivre, je penſe.

LE MARQUIS *levant la canne.*

Ce coquin....

LE COMTE *arrêtant son pere.*
[*à Dortiere.*]
Ah, mon pere! Insolent, oses-tu
Lui manquer de respect? Tu sens ton vieux battu;
Prens garde à toi.
####### DORTIERE *d'un ton humble.*
Monsieur.
####### LE COMTE.
Songe que c'est mon pere.
####### DORTIERE.
De quoi s'avise-t-il de m'appeller Dortiere?
Moi Dortiere? Morbleu...
####### LE MARQUIS *à Dortiere.*
L'on te fait donc grand tort?
####### DORTIERE.
Oui, ce nom me déplaît.
####### LE BARON.
C'est un beau nom.
####### DORTIERE.
D'accord;
Mais m'appeller ainsi, c'est mensonge & malice.
####### LE COMTE *au Marquis.*
Pardonnez-lui ses tons, il sort de la milice;
Mais c'est un bon enfant. Vous connoissez Verné;
C'étoit son Capitaine. Il me l'avoit donné
Pour un garçon grossier, mais zélé, plein d'adresse.
Un Grenadier-royal a peu de politesse;
Et puisqu'il vous déplaît, je vais le renvoyer.
####### LE MARQUIS.
Non, non. Mons de Lafleur, cessez de tutoyer
Fanchon, & songez bien que vous n'étes qu'un drille.
Si vous osez jamais parler à cette fille,
Et vous donner près d'elle un air trop familier,
Je vous étrillerai, Monsieur le Grenadier.
Fanchon.

L'ARCHI-MENTEUR.

CLARICE *faisant une courte révérence.*
Plaît-il, Monsieur?
LE MARQUIS.
Gardez-vous, ma mignonne,
D'écouter ce faquin; c'est moi qui vous l'ordonne.
CLARICE *faisant encore la révérence.*
Cela suffit, Monsieur.
DORTIERE *à Clarice.*
Quoique je sois valet...
CLARICE *à Dortiere.*
Si tu m'oses parler, je te baille un soufflet.
LE MARQUIS
prenant Clarice sous le menton.
Fort bien, mon petit cœur.

SCENE VIII.

LE MARQUIS, LA MARQUISE, LE COMTE, LE BARON, CLARICE, DORTIERE.

LA MARQUISE
surprenant son mari, la main sous le menton de Clarice.

Allons, Monsieur, courage;
Ces petites façons vont fort bien à votre âge.
Vous avez pris d'abord un grand goût pour Fanchon;
C'est votre petit cœur, votre petit bouchon,
Vous en êtes charmé. Vraiment j'en suis fort aise:
Pour toute autre que moi vous êtes tout de braise.
LE MARQUIS *à part.*
Quelle femme, morbleu! toujours sur mes talons!

LA MARQUISE à Clarice.
Que faites-vous ici ?

CLARICE.
Madame...

LA MARQUISE.
Détalons.

CLARICE.
Est-ce ma faute à moi si Monsieur...

LA MARQUISE.
L'insolente !
Souffrir... je la croyois une jeune innocente,
Et la voilà déja qui s'en laisse conter.

CLARICE.
C'est Monsieur qui disoit...

LA MARQUISE.
Falloit-il l'écouter ?
Vous ne devez ici songer qu'à votre ouvrage.
Voyez ce guenillon ! cela sort du village,
Et déja cela fait entendre à demi-mot.
Oh, vous irez revoir votre frere Janot,
Si je vous y rattrape.

CLARICE au Baron, en pleurant.
Avec votre Clarice...?

LA MARQUISE.
Quoi ?

CLARICE sanglottant.
C'est que ce Monsieur...
[montrant le Baron.]

LA MARQUISE.
Eh bien ?

CLARICE.
A la malice.
De vouloir que je sois sa sœur absolument.

LA MARQUISE.
Sa sœur ? Quelle folie ! Ah, le trait est charmant !

L'ARCHI-MENTEUR.
[*à Clarice.*]
Vous extravaguez donc? Sortez, petite fille.
[*Clarice sort avec Dortiere.*]

SCENE IX.

LA MARQUISE, LE MARQUIS, LE COMTE, LE BARON.

LA MARQUISE.

OH çà, Messieurs, parlons d'affaires de famille.
[*au Comte.*]
Ne m'avez-vous pas dit que vous aimiez sa sœur?
LE COMTE.
Il ne tient qu'au Baron de faire mon bonheur.
Dès qu'elle reviendra, nous conclurons l'affaire,
S'il veut y consentir, aussi bien que mon pere.
LE MARQUIS *au Comte.*
Quoi, vous aimez Clarice?
LE COMTE.
A la fureur.
LE MARQUIS.
Fort bien.
LA MARQUISE *à son mari.*
Que répondez-vous?
LE MARQUIS.
Moi?
LA MARQUISE.
Vous.
LE MARQUIS.
Je ne répons rien.
LA MARQUISE.
Et Monsieur le Baron?

LE BARON.
Je ne fai que vous dire.
LE COMTE.
Je fai que pour ma fœur le cher Baron foupire ;
Et dès qu'avec la fienne on m'aura marié,
Nous fongerons à lui.
LE BARON.
Je vous avois prié
De difpofer pour moi la charmante Julie;
Mais...
LE COMTE.
Je l'ai fait ; ma fœur vous aime à la folie.
LE BARON.
Vous vous moquez de moi.
LE COMTE.
Vous aviez un rival,
Et ma fœur auroit eu quelque goût pour Montval;
Mais depuis qu'il eft mort, elle a changé d'idée :
Je vous ai propofé, je l'ai perfuadée.
LE MARQUIS.
Pour le coup, vous mentez : elle a dit devant moi
Qu'elle n'en vouloit point.
LE COMTE.
Oui, mais je fai pourquoi;
Et, foit dit entre nous, c'eft moi qui l'ai priée
De ne point confentir qu'elle fût mariée,
Et de feindre d'avoir le Baron en horreur,
Tant qu'il balanceroit à m'accorder fa fœur.
LE BARON.
Ah ! c'eft une autre affaire.
LE MARQUIS.
Avant qu'il vous l'accorde...
LA MARQUISE *au Marquis.*
Voulez-vous avec moi rétablir la concorde?
Confentez que Clarice époufe votre fils.

LE MARQUIS.
Je répondrai demain; car la nuit porte avis.
LA MARQUISE.
Pourquoi demain? parlez.
LE MARQUIS *vivement.*
Et si je veux me taire?
LE BARON *bas au Marquis.*
Fanchon vaut bien ma sœur.
LA MARQUISE.
Voilà bien du myſtere!
A quoi bon balancer ſi long-temps?
LE MARQUIS.
Pour raiſon.
[*bas au Baron.*]
Sortons, mon cher, je veux vérifier Fanchon.
LA MARQUISE.
Vous ne décidez point?
LE MARQUIS.
Non, & je vous annonce
Qu'avant qu'il ſoit demain vous n'aurez pas réponſe.
LA MARQUISE.
Je vous annonce moi, que je ferai fracas,
Si dans ce même inſtant vous ne répondez pas.
LE MARQUIS *au Baron.*
[*à la Marquiſe.*]
Suivez-moi, cher Baron. Ma réponſe, Madame;
C'eſt que je ſuis le maître, en dépit de ma femme.
LA MARQUISE.
Nous verrons.
LE COMTE *après qu'ils ſont ſortis.*
Laiſſez-les tous deux ſe conſulter;
Je ſai bien le moyen de les déconcerter.

Fin du ſecond acte.

ACTE III.
SCENE PREMIERE.
LE MARQUIS, LE BARON.

LE BARON.
Oui, j'ai voulu moi-même aller jusqu'au village.
LE MARQUIS.
Au fond, vous avez pris le parti le plus sage.
LE BARON.
J'ai couru dans ma chaise, & j'arrive à l'instant,
Instruit à fond.
LE MARQUIS.
Tant mieux.
LE BARON.
Vous serez bien content,
J'ai tout approfondi.
LE MARQUIS.
Je meurs d'impatience
D'être au fait comme vous.
LE BARON.
Un moment d'audience.
LE MARQUIS.
Ma foi, vivent les gens qui sont fins & rusés !
Telles gens ne sont pas aisément abusés.
LE BARON.
Oh ! je vous en répons ; j'ai du sens dans ma tête.
LE MARQUIS.
Peste !
LE BARON.
Et plus fin que moi sûrement n'est pas bête.
LE MARQUIS.

L'ARCHI-MENTEUR.

LE MARQUIS.

Non. Vous avez donc vû le bon-homme Toinot ?

LE BARON.

Oui, je l'ai vû lui-même, avec son fils Janot;
Rien n'est plus simple.

LE MARQUIS.

Ainsi, sans beaucoup de fatigue,
Vous avez pénétré jusqu'au fond de l'intrigue ?

LE BARON.

Le bon-homme a parlé très-naturellement.
Je ne puis revenir de mon étonnement.

LE MARQUIS.

Ah, ah, Monsieur mon fils, vous faites le sincere,
Et vous avez séduit jusques à votre mere ?
Pour vous moquer de moi, de la sœur du Baron,
Vous osez hardiment me faire une Fanchon ?
Et Clarice elle-même appuyant l'imposture,
Vous aide à me jouer en changeant de figure,
De langage, de voix ? Je vais faire beau bruit.

LE BARON.

Mais écoutez-moi donc, vous serez mieux instruit.

LE MARQUIS.

Mieux instruit ? L'imposture est assez avérée ;
Et ma digne moitié qui vient toute effarée
Confirmer le mensonge avec un front d'acier,
Parbleu, j'aurai l'honneur de la remercier.
Ma foi, c'est pour le coup que j'aurai ma revanche.

LE BARON.

Vous m'impatientez.

LE MARQUIS.

Doucement donc. J'arrange
Le discours éloquent dont je veux régaler
Et la mere & le fils.

LE BARON.

Mais laissez-moi parler.

LE MARQUIS.
Eh bien, contez-moi donc toute la fourberie.
LE BARON.
Tous deux nous avons tort.
LE MARQUIS.
En quoi tort, je vous prie ?
LE BARON.
En tout. Il est très-vrai que Fanchon est Fanchon,
Et point du tout ma sœur. N'allez pas dire non ;
Le bon-homme a paru surpris de ma visite.
Un homme qu'on surprend, rougit, balance, hésite ;
Mais Toinot, point du tout. Ce qu'il m'a dit d'abord,
Avec ce qu'on nous dit, est tout-à-fait d'accord.
Il soutient que sa fille est auprès de Julie,
Qu'on la nomme Fanchon, & même vous supplie,
Et votre épouse aussi, d'avoir quelque bonté
Pour cette enfant, croyant l'avoir bien mérité,
Comme ayant eu l'honneur d'être à votre service,
Lorsque de votre fils sa femme étoit nourrice.
Le bon-homme est naïf, & m'a parlé sans fard.
Pour plus de sûreté, j'ai pris Janot à part ;
Et le pauvre garçon, du moins aussi sincere,
M'a confirmé d'abord le discours de son pere ;
Et de plus il m'a dit, pleurant de tout son cœur,
Que dimanche prochain il viendroit voir sa sœur.
J'ai même vû Colin.
LE MARQUIS.
Quoi, ce garçon qu'elle aime ?
LE BARON.
Il pleuroit bien aussi.
LE MARQUIS.
Je suis hors de moi-même.
Il faut donc convenir que Clarice & Fanchon
Sont deux personnes ?
LE BARON.
Oui.

LE MARQUIS.
                    Mes yeux & ma raison
Y répugnent encor, mais...
            LE BARON.
                    Nouvelle matiere
De surprise.
            LE MARQUIS.
        Quoi donc?
            LE BARON.
                    J'ai rencontré Dortiere
En chaise de poste.
            LE MARQUIS.
            Où?
            LE BARON.
                    Dans le village.
            LE MARQUIS.
                            Et là
Que faisoit-il, mon cher?
            LE BARON.
                    Ah! Baron, vous voilà,
M'a-t-il dit, s'arrêtant pour moi par politesse ;
Je m'en vais à Paris où mon pere me presse
De me rendre ce soir : j'en serai de retour
Demain tout au plus tard, avant la fin du jour.
Vous pourrois-je à Paris rendre quelque service ?
Avez-vous quelque chose à mander à Clarice ?
Non, ai-je dit. Mon homme est parti de la main,
En me criant bien fort : *Adieu, jusqu'à demain.*
            LE MARQUIS.
Au fond, je suis ravi de son petit voyage.
Vous verrez si Lafleur montrera son visage
Avant demain au soir ; il est bien loin d'ici.
            LE BARON.
Je le croi comme vous. Ah! morbleu, le voici.
            LE MARQUIS.
Quel conte!

Q ij

LE BARON.
Non, ma foi ; regardez, c'est lui-même.
LE MARQUIS.
Je ne soupçonne plus le moindre stratagême.

SCENE II.

LE COMTE, DORTIERE, LE MARQUIS, LE BARON.

LE COMTE *à Dortiere.*
MA foi, monsieur Lafleur, vous changerez de ton,
Ou je vous chasserai.
DORTIERE.
Dire un mot à Fanchon,
Est-ce un si grand mal ?
LE COMTE.
Oui ; je t'en ai fait défense,
Et tu m'oses répondre avec cette impudence,
Lorsque je te reprens d'avoir récidivé ?
DORTIERE.
Ne puis-je pas...
LE COMTE.
Tais-toi.
LE MARQUIS *au Comte.*
Qu'est-il donc arrivé ?
LE COMTE *d'un air surpris.*
Je ne vous voyois pas ; pardonnez-moi, de grace.
LE MARQUIS.
Vous grondiez ce coquin ?
LE COMTE.
Et très-fort : je me lasse
De ses tons insolens & de ses actions,
Et je vois qu'il faudra que nous le renvoyions.

L'ARCHI-MENTEUR.

LE MARQUIS.

Le plus tôt vaut le mieux. Ce que je puis comprendre,
C'est qu'il poursuit Fanchon.

LE COMTE.

J'ai beau le lui défendre,
Il la cherche par-tout.

LE MARQUIS.

Chaſſez-moi ce maraud.

LE COMTE.

Ma sœur s'en aperçoit, & s'en plaignoit tantôt
Vivement.

LE MARQUIS
levant ſa canne pour frapper Dortiere.

Vivement? Oh, oh, laiſſez-moi faire,
Je vais le rafraîchir.

LE COMTE *le retenant.*

Non, non, c'est mon affaire.

LE MARQUIS *enviſageant Dortiere.*

Lorſque cet impudent à mes yeux vient s'offrir,
Je lui trouve des traits que je ne puis ſouffrir;
Et ſi je n'étois ſûr que ce n'est pas Dortiere,
Je le prendrois pour lui : voilà ſa mine fiere,
Son regard équivoque & ſon malin ſouris.

LE COMTE.

A propos, on m'a dit qu'il partoit pour Paris.

LE BARON.

Il est déja bien loin.

LE COMTE.

Pour quelle grande affaire
Part-il ſi bruſquement ?

LE BARON.

Par ordre de ſon pere,
A ce qu'il m'a dit.

LE COMTE.

Quoi, vous l'avez vû !

LE BARON.

Comment,
Si je l'ai vû ? Sans doute ; il couroit bravement.

LE COMTE.

Ne vous a-t-il rien dit ?

LE BARON.

Quatre mots ; & mon homme
A disparu d'abord. Cet incident m'assomme ;
Car j'oserois jurer que Dortiere est ici,
Et je l'ai vû partir des deux yeux que voici.

LE MARQUIS.

Je suis émerveillé du peu de différence...
Ma foi la vérité passe la vrai-semblance.

[à Dortiere.]

N'est-ce pas là Dortiere ? Hé ?

LE COMTE.

Au premier coup-d'œil
On le prendroit pour lui.

LE MARQUIS à Dortiere.

De quel pays?

DORTIERE.

D'Auteuil ?

LE MARQUIS.

Ton pere ?

DORTIERE.

Jardinier du vieux Marquis Dortiere,
Qui m'a fait, ce dit-on, plus noble que mon pere ;
Parce que celui-ci, très-étonné, je crois,
Me vit venir au monde au bout de quatre mois.
Soit que je fusse ou non de race paysanne,
Mon pere m'accepta sans la moindre chicane.
La Marquise Dortieré, un ou deux mois après,
Mit au monde un garçon qui répétoit mes traits
A tel point, qu'en dépit de mon pere & ma mere,
On disoit que j'avois l'honneur d'être son frere,

Et qu'on chanta dès-lors, comme encore aujourd'hui,
   [*Il dit ce vers en chantant.*]
Il reſſemble à ſon frere, on diroit que c'eſt lui.
   [*bas au Comte.*]
Mon maître eſt-il content?
            LE COMTE *bas à Dortiere.*
                  J'ai tout ſujet de l'être,
Et ce coup d'eſſai-là vaut bien un coup de maître ;
J'en ſuis jaloux.
            LE MARQUIS *au Comte.*
                  De quoi parlez-vous donc tous deux ?
            LE COMTE *feignant d'examiner Dortiere.*
J'examine de près ce rapport merveilleux
Entre Dortiere & lui. Malgré leur reſſemblance,
Je m'aperçois pourtant de quelque différence.
            LE MARQUIS.
Mais en quoi donc ?
            LE COMTE.
            Ce nez n'eſt pas auſſi bien fait
Que celui de ſon frere.
            LE BARON *examinant.*
                  Oh ! l'autre eſt plus parfait.
            LE COMTE.
Si Dortiere a l'air fier, celui-là l'a farouche.
            LE MARQUIS.
Il eſt vrai.
            LE COMTE.
      Remarquez de plus, que cette bouche
Eſt plus grande que l'autre.
            LE BARON.
                  Oh ! oui, ſans contredit.
            LE COMTE.
Dortiere eſt gracieux quand ſa bouche ſourit ;
Regardez celle-ci quand elle veut ſourire.
            LE MARQUIS *à Dortiere.*
Souris donc.

DORTIERE *sourit en faisant la grimace.*
Ah, ah, ah.
LE BARON.
C'est un ris de Satyre.
LE COMTE.
Vous voyez, quoiqu'en gros ils se ressemblent fort,
Que leurs traits en détail ont bien moins de rapport.
LE BARON.
A force d'y rêver, on sent la différence.
LE MARQUIS.
Oui, la vérité prend un air de vrai-semblance.
LE BARON *au Marquis.*
Je ne suis plus surpris.
LE COMTE.
Tenez, mon cher Baron,
Si vous aviez de près examiné Fanchon
Comme j'ai fait tantôt la trouvant chez Julie,
Vous rougiriez d'abord d'avoir fait la folie
De la prendre un instant pour votre aimable sœur.
LE BARON.
J'en suis honteux.
LE MARQUIS.
Pourquoi rougir de notre erreur ?
Je demeure d'accord que Clarice est plus belle ;
Mais, après tout, Fanchon ne l'est guére moins qu'elle :
Je la trouve piquante ; elle a je ne sai quoi
De vif & d'attrayant, qui me revient à moi.
DORTIERE *au Marquis.*
Oui ; mais elle est bien bête, & vous pouvez m'en croire.
LE MARQUIS.
Et toi tu n'es qu'un sot.
DORTIERE *lui faisant la révérence.*
Ah ! vous flattez ma gloire.
LE MARQUIS.
Fanchon, pour ce Monsieur, n'a pas assez d'esprit.

Peste

Peste soit du faquin !
DORTIERE.
Je dis ce qu'on a dit.
LE MARQUIS.
Qui ?
DORTIERE.
Mademoiselle.
LE MARQUIS.
Oh la bête elle-même !
LE COMTE.
Ma sœur bête ?
LE MARQUIS.
Au parfait.
LE COMTE.
Je vois quelqu'un qui l'aime,
Parce qu'il trouve en elle, esprit, grace, beauté.
LE MARQUIS.
Eh, quel est ce sot-là ?
LE BARON.
C'est moi, sans vanité.
LE MARQUIS.
Excusez, je croyois qu'il s'agissoit d'un autre.
LE COMTE.
Mais c'est d'un autre aussi ; de mon ami.
LE MARQUIS.
Le vôtre
N'est pas le mien.
LE COMTE.
Pourquoi ?
LE MARQUIS.
N'est-ce pas Dortiere ?
LE COMTE.
Ouï,
Il est riche, & d'un rang...
LE MARQUIS.
J'en suis très-réjoui.

LE COMTE.
Il voudroit s'allier avec notre famille.
LE MARQUIS.
Dites-lui nettement qu'il n'aura point ma fille.
DORTIERE.
Eh pour quoi, s'il vous plaît ?
LE MARQUIS.
De quoi te mêles-tu ?
DORTIERE.
C'est que j'aime mon frere.
LE MARQUIS.
Avez-vous jamais vû
Un plus hardi faquin ?
DORTIERE.
C'est un parti fortable.
LE MARQUIS.
Moi lui donner ma fille ? Il m'est insupportable.
LE COMTE.
Ce seroit le moyen de vous raccommoder
Avec Monsieur son pere.
LE MARQUIS.
Et moi je veux plaider.
Pourquoi commence-t-il ? Ah ! je lui vais apprendre
[montrant le Baron.]
A se jouer à moi. Tenez, voilà mon gendre.
DORTIERE *regardant le Baron.*
Ce vilain Monsieur-là ?
LE MARQUIS.
Chassez-moi ce maraud,
Ou je le chargerai.
LE COMTE *bas à Dortiere.*
Tais-toi donc.
LE BARON.
Peu s'en faut
Que je... Retire-toi, sinon je t'estropie.

L'ARCHI-MENTEUR.

DORTIERE.

Je fors ; mais nous verrons...

LE BARON.

Je croi qu'il me défie ?
[*Dortiere fort.*]

SCENE III.

LE MARQUIS, LE COMTE,
LE BARON.

LE COMTE.

IL est parti.

LE BARON.

Tant mieux : quand je suis en fureur,
Nul égard ne sauroit retenir ma valeur.
Un faquin qui me brave & me rompt en visiere !

LE COMTE.

N'en soyez point surpris, il adore Dortiere;
Bon sang ne peut mentir : comme son espion,
Il parle en sa faveur en toute occasion,
Et tâche à le servir auprès de ma sœur même
Qui daigne l'écouter.

LE MARQUIS.

Comment ? Est-ce qu'elle aime
Dortiere ?

LE COMTE.

Je croyois qu'elle aimoit le Baron,
Elle me l'avoit dit ; elle change de ton.

LE MARQUIS.

Eh, pourquoi, s'il vous plaît ?

LE COMTE.

Entre nous, c'est ma mere
Qui l'a déterminée en faveur de Dortiere.

R ij

L'ARCHI-MENTEUR.

LE MARQUIS.

Oh ! Parbleu, nous verrons.

LE COMTE.

Ne vous obstinez pas;
Ma mere est en humeur de faire du fracas;
Elle enrage de voir l'étroite intelligence
Entre Monsieur & vous.

LE MARQUIS.

Et qu'est-ce qu'elle en pense ?

LE COMTE.

Elle en est inquiette.

LE MARQUIS.

Oui ? Par quelle raison ?

LE COMTE.

Je croi qu'elle a conçu quelque fâcheux soupçon.

LE MARQUIS *au Baron.*

Auriez-vous jasé ?

LE BARON.

Moi ?

LE MARQUIS *au Comte.*

Sur quoi, je vous supplie...

LE COMTE.

Si vous voulez la paix, ne donnez point Julie
Au Baron.

LE MARQUIS.

Dites-moi.

LE COMTE.

Non, je ne dis plus rien ;
Mais...

LE BARON.

Je l'aurai pourtant, & j'en sai le moyen.
La belle, à mon égard, a beau faire la fiere ;
Cinquante mille écus que coûteroit Dortiere,
Pourront bien refroidir ses transports amoureux.

LE COMTE.

De quoi me parlez-vous ?

L'ARCHI-MENTEUR.

LE BARON.
                    D'un dédit que tous deux
Nous nous sommes signés d'une pareille somme.
    LE COMTE.
Mon pere & vous ?
        LE BARON.
                Sans doute : il est trop galant homme
Pour vous nier le fait. Tenez donc pour constant
Qu'il me faut, ou Julie, ou de l'argent comptant.
Serviteur.

SCENE IV.

LE MARQUIS, LE COMTE.

LE COMTE à part.

Dit-il vrai ? Seroit-il bien possible
Qu'il nous eût fait ce tour ?
        LE MARQUIS.
                Ce Baron est terrible
Sur l'intérêt : je vois qu'il n'en démordra pas.
    LE COMTE.
Le dédit est réel ?
        LE MARQUIS.
            Oui : j'ai fait un faux pas,
J'en suis fâché.
    LE COMTE en souriant.
    Bon, bon !
        LE MARQUIS.
            Quoi ?
    LE COMTE.
                Vous êtes trop sage
Pour vous être lié de la sorte, & je gage...

LE MARQUIS.

Il ne dit que trop vrai.

LE COMTE.

J'ose encore en douter.

LE MARQUIS.

Pourquoi ?

LE COMTE.

Le cher Baron m'a voulu plaisanter
Tantôt sur ce dédit ; & moi, très-peu crédule,
J'ai traité son discours de conte ridicule.
Un pere de famille, ai-je dit hardiment,
Auroit-il pû risquer un tel engagement ?
Mais lui, pour m'imposer (voyez quelle malice)
M'a laissé soupçonner que vous aimiez Clarice,
Que pour venir à bout de vos secrets desseins,
Vous vous étiez résous à vous lier les mains,
Qu'à votre passion vous immoliez Julie,
Et qu'un homme amoureux peut faire une folie.

LE MARQUIS.

Il vous a dit cela ?

LE COMTE.

Non pas ouvertement ;
Mais il a l'esprit court, & peu de jugement,
Et m'en a dit assez pour me faire comprendre
Qu'à des conditions il seroit votre gendre.

LE MARQUIS.

Quelles sont-elles donc ? Pouvez-vous les citer ?

LE COMTE.

Dispensez mon respect de vous les répéter :
J'en rougirois pour vous.

LE MARQUIS *à part.*

Me trahir de la sorte ?
Ah, maudit babillard, que le diable t'emporte !
[*haut.*]
Je m'en vais le tancer.

LE COMTE *l'arrêtant.*
                Il vous niera le fait ;
Car il m'a dit cela sans le dire en effet :
Tous ses discours n'étoient que paroles obscures,
D'où j'ai sû malgré lui tirer mes conjectures.
Souvent, sans le vouloir, un sot est indiscret,
Et pour peu qu'on le sonde, il livre son secret.
C'est le cas du Baron. Comme il n'a pu se taire,
Ma mere a pénétré jusqu'au fond du mystére,
Du moins elle le croit ; elle en est en fureur.
              LE MARQUIS.
J'enrage.
              LE COMTE.
        Et le dédit va lui percer le cœur.
Ainsi, pour prévenir quelque événement triste,
Dites-moi franchement si cet écrit existe.
              LE MARQUIS.
Eh bien donc, pour détruire un indigne soupçon,
Je vais vous dire tout.
              LE COMTE.
                Et vous avez raison.
              LE MARQUIS.
Le Baron s'est vanté d'avoir ma signature,
Mais je jure d'honneur que c'est une imposture :
Le dédit prétendu n'a jamais existé,
Ce n'étoit qu'un prétexte.
              LE COMTE.
                Oh ! je m'en suis douté.
Pour faire un tel écrit, vous êtes trop bon pere.
              LE MARQUIS.
Sans doute, & vous pouvez détromper votre mere,
En cas qu'à cet égard elle soit dans l'erreur ;
Car il ne faut qu'un rien pour la mettre en fureur.
Dieu vous garde, mon fils, d'une pareille épouse.
Revenons à Clarice ; elle en est donc jalouse ?

R iiij

LE COMTE.
Si bien, que croyant voir tous ses traits dans Fanchon,
Elle veut la chasser.

LE MARQUIS *d'un air alarmé.*
Parlez-vous tout de bon ?

LE COMTE.
Très-sérieusement.

LE MARQUIS.
Quel diable de caprice !

LE COMTE.
Elle dit que Fanchon vaut bien au moins Clarice.
Au fond, rien n'est plus vrai ; j'y fais réflexion.

LE MARQUIS.
Elle mériteroit votre protection ;
C'est votre sœur de lait.

LE COMTE.
Oui ; j'y songeois, mon pere.

LE MARQUIS.
Comme vous gouvernez l'esprit de votre mere,
C'est à vous d'empêcher qu'on ne chasse d'ici
Cette jolie enfant.

LE COMTE.
Je l'entens bien ainsi.
Elle nous restera, j'ose vous le promettre...
Le dédit étant nul, vous voudrez bien permettre.
Que j'épouse Clarice.

LE MARQUIS *froidement.*
Oui, cela se pourroit ;
Mais...

LE COMTE.
Quoi donc ?

LE MARQUIS.
Le Baron d'abord exigeroit
Qu'on lui donnât Julie ; & comment m'en défendre ?
Car il a ma parole.

LE COMTE.
            Il faut lui faire entendre
Qu'assuré que ma sœur ne veut point l'épouser,
Vous la chérissez trop pour la tyranniser.
     LE MARQUIS *après avoir un peu rêvé.*
Si je faisois cela… Fanchon resteroit-elle ?
Pourriez-vous l'obtenir ?
          LE COMTE.
                    Plaisante bagatelle !
Bien-loin qu'à cet égard j'essuyasse un refus,
Si le cas l'exigeoit, j'obtiendrois encor plus.
          LE MARQUIS.
N'allez pas soupçonner quelque dessein coupable.
Naturellement moi, je suis fort pitoyable :
Je songe que Toinot a très-bien mérité
Que l'on ait pour sa fille un peu de charité.
          LE COMTE.
Et vous ne doutez pas que je ne compatisse
Au danger qu'elle court. Si j'épouse Clarice,
Ma mere accordera tout ce que vous voudrez.
          LE MARQUIS.
Vous êtes jeune encor ; quand vous l'épouserez
Dans un an, dans deux ans, c'est assez tôt, je pense.
Je veux vous contenter, mais prenez patience.
     LE COMTE *après avoir un peu rêvé.*
Nous ne pouvons garder cette aimable Fanchon ;
J'y fais réflexion à présent.
          LE MARQUIS.
                    Pourquoi non ?
Vous m'avez promis…
          LE COMTE.
                    Oui, mais je connois ma mere ;
J'aurai beau la prier, elle est trop en colere :
Elle vous a surpris en lui parlant de près.
En effet, cette fille a de piquans attraits ;

Et, quoique paysanne, elle peut d'une épouse
Exciter aisément l'humeur fiere & jalouse.

LE MARQUIS *d'un air riant.*

Vous aimez donc Clarice ? En êtes-vous aimé ?

LE COMTE.

J'ai lieu de m'en flatter.

LE MARQUIS.

Ma foi, j'en suis charmé ;
Vous allez l'épouser... si Fanchon nous demeure.

LE COMTE *vivement.*

Oh ! Je vous en répons.

LE MARQUIS.

Vous disiez tout-à-l'heure
Que votre mere...

LE COMTE.

Oui ; mais je presserai tant,
Je parlerai si bien, que vous serez content.
Par bonheur, nous avons ici près un notaire ;
Le ferai-je venir pour terminer l'affaire ?

LE MARQUIS.

Clarice est à Paris ?

LE COMTE.

Son frere nous suffit
Pour dresser le contrat ; & puisque le dédit
N'existe point, ma sœur peut épouser Dorriere :
A tout procès, par-là, nous couperons matiere ;
Et Dorriere, entre nous, n'est parti brusquement,
Que pour porter son pere à l'accommodement.

LE MARQUIS.

C'est bien fait. Ah ! Voici votre mere & Julie,
Avec la chere enfant. Je sors ; mais je vous prie
Très-fort d'avoir pitié de la pauvre Fanchon.

SCENE V.

LA MARQUISE, JULIE, CLARICE,
LE COMTE.

LA MARQUISE à Clarice.
IL ne vous prend donc plus pour la sœur du Baron?
CLARICE.
Non; je suis paysanne, & Toinot est mon pere,
On n'en peut plus douter : demandez à mon frere,
Il vous le jurera par mon frere Janot,
Infaillible garant du discours de Toinot.
En vérité, mon frere a fait un fin voyage!
LE COMTE.
C'est moi qui suis l'auteur de sa course au village;
Et je l'ai conseillée au Baron hardiment,
Assuré que Toinot lui diroit bonnement
Que sa fille Fanchon est auprès de Julie;
Car le fait est certain. Toute la fourberie
Consiste à bien cacher l'innocente Fanchon,
Pour confier son rôle à la sœur du Baron.
Comme c'est depuis peu que cette villageoise
Sert ici sous Justine, autre fine matoise,
Qui par mon ordre exprès a sû la séquestrer,
Mon pere & le Baron n'ont pû la rencontrer;
On l'a soigneusement dérobée à leur vûe,
Si bien qu'elle leur est tout-à-fait inconnue.
Ce n'étoit pas assez, par ma dextérité
J'ai mis ici Dortiere en pleine sûreté :
Il a feint qu'à Paris il faisoit un voyage;
Il l'a dit au Baron au milieu du village,
Et le bon idiot, étrangement surpris,
Ne le croit point ici, le croyant à Paris.

LA MARQUISE.

L'intrigue est singuliere.

LE COMTE.

Et de mon artifice
Je recueille le fruit, car j'épouse Clarice,
Mon pere en est d'accord.

LA MARQUISE.

Est-il vrai ?

LE COMTE.

Tout de bon.
Infidéle à Clarice, il se livre à Fanchon.

LA MARQUISE.

Le vieux fou ! Qu'il mérite un fils tel que le nôtre !

LE COMTE *à la Marquise.*

Je pousse bien mon rôle, il faut jouer le vôtre ;
Nous le concerterons, & l'effet qu'il aura,
C'est que de son aveu Fanchon déguerpira.

LA MARQUISE.

Me voilà prête à tout.

JULIE.

Mais après tout, mon frere,
Pouvez-vous à ce point vous jouer de mon pere ?

LA MARQUISE.

C'est moi qui l'autorise.

LE COMTE.

Et j'atteste le ciel,
Que mon objet est juste, & même essentiel ;
Qu'au fond, plein de respect pour un pere que j'aime,
Je mens pour le servir en dépit de lui-même :
Je le réconcilie avec ses ennemis ;
Je combats un penchant dont tout bas je gémis,
Tâchant de l'en guérir par d'innocentes ruses.
Je pourrois alléguer beaucoup d'autres excuses ;
Mais le point capital ou j'aspire aujourd'hui,
C'est de mettre la paix entre ma mere & lui.

L'ARCHI-MENTEUR.

JULIE.

Il le faut avouer, votre objet est louable;
Mais croyez-vous, mon frere, en être moins coupable?
Il n'est jamais permis de procurer le bien,
S'il faut y parvenir par un mauvais moyen.

LE COMTE.

Ma sœur, en vérité, vous êtes scrupuleuse.
Mais vous qui me blâmez, la belle raisonneuse,
Ne nous aidez-vous pas?

JULIE.

Je vous jure que non.

LE COMTE.

Et vous mentez, ma sœur, car vous cachez Fanchon:
Clarice, devant vous, se fait passer pour elle,
Vous vous taisez; ainsi vous êtes criminelle.
Par où différons-nous en cette occasion?
Vous mentez en silence, & nous en action.

CLARICE.

La pauvre enfant rougit, le scrupule la ronge.

LE COMTE.

Sachez qu'en se taisant on peut faire un mensonge,
Et ne nous blâmez plus.

JULIE.

Eh bien, je parlerai.

LA MARQUISE.

Gardez-vous-en, ma fille, ou je me fâcherai.

JULIE.

Vous m'imposez la loi, je suis justifiée.

LE COMTE.

Et, graces aux menteurs, vous serez mariée.
Le Baron n'a plus rien à prétendre sur vous,
Ma sœur, & de ma main vous aurez un époux.

JULIE.

Qui?

LE COMTE.

Dorriere.

JULIE.

Non, non.

LE COMTE.

Quel caprice est le vôtre ?

JULIE.

Mon frere, je ne veux ni de l'un ni de l'autre :
Montval peut revenir.

LE COMTE.

Quelle prévention !
J'ai reçû de sa mort la confirmation.

JULIE.

Quand ?

LE COMTE.

Par un bulletin arrivé tout-à-l'heure ;
Je vais vous le montrer. Vous pleurez ?

JULIE.

Oüi, je pleure,
Et je veux au couvent renfermer mes douleurs.
Mais que vois-je ? Est-ce lui ? Je frémis, je me meurs.
[*Elle s'évanouit dans les bras de Clarice.*]

CLARICE.

Ah ! Madame... En effet, elle perd connoissance.
Aidez-moi donc.

SCENE VI.

MONTVAL, LA MARQUISE, JULIE, CLARICE.

MONTVAL *à la Marquise.*

Voici la Marquise, je pense.
Madame, pardonnez si j'entre brusquement,
Et daignez faire grace à mon empressement,

Je brûlois de revoir la charmante Julie,
Mais, ô Ciel! je la vois prête à perdre la vie.
Quel sujet l'a réduite à cette extrémité ?
   CLARICE *à Montval.*
Vous êtes à ses yeux un mort ressuscité.
   MONTVAL *à Julie.*
Rappellez vos esprits. Grace au Ciel, je respire.
Qui peut vous avoir dit...
   CLARICE.
    La voilà qui soupire ;
Elle reprend ses sens.
   JULIE.
    Ah! Montval, est-ce vous ?
   MONTVAL.
Moi-même ; ouvrez les yeux, je suis à vos genoux.
   JULIE.
Est-il possible, ô Ciel, que je vous voie encore ?
   MONTVAL.
Oui, oui, vous le voyez, celui qui vous adore,
Et qui veut être à vous jusqu'au dernier soupir.

SCENE VII.

DORTIERE, MONTVAL, LA MARQUISE, JULIE, LE COMTE, CLARICE.

   DORTIERE *au Comte.*
JE viens te dire un fait qui te fera plaisir.
Mon voyage au village a produit un miracle,
Et le Marquis... Ah, ah, quel étrange spectacle !
Quel est cet homme-là ?
   LE COMTE.
    Le Marquis de Montval,
Ou son ombre du moins, & de plus ton rival.

MONTVAL.
Moi rival d'un valet.

DORTIERE.
Vous saurez par le Comte,
Qu'un rival tel que moi ne vous fait point de honte.

LE COMTE
Il vous dit vrai, Monsieur, je vous le garantis.

MONTVAL *à la Marquise.*
Et quel est son garant, de grace ?

LA MARQUISE.
C'est mon fils.

MONTVAL *au Comte.*
Monsieur, je n'avois pas l'honneur de vous connoître.
Puis-je vous embrasser ?

LE COMTE *froidement.*
Vous en êtes le maître.

MONTVAL.
Je vous embrasse donc du meilleur de mon cœur.
Ami de votre pere, amant de votre sœur,
J'aspirois à vous voir.

LE COMTE.
Contentez votre envie...
Mais est-il bien constant que vous soyez en vie ?

MONTVAL.
La question me charme ! en pouvez-vous douter ?

LE COMTE.
Oui-dà, je le pourrois.

MONTVAL.
Vous voulez plaisanter.

LE COMTE.
Mais non : de vingt endroits j'ai reçu la nouvelle
De votre mort.

MONTVAL.
Fort bien. Et se confirme-t-elle ?

LE COMTE.
Jugez-en ; votre aspect vient de nous effrayer.

CLARICE

CLARICE *riant de tout son cœur.*
La dispute est plaisante, & ne peut se payer.
JULIE.
Mon frere, craignez-vous de me voir trop heureuse?
LE COMTE.
Monsieur, si vous vivez, car la chose est douteuse,
Je croi que vous serez vivement affligé.
Depuis votre trépas, mon pere est engagé
Avec un autre.
MONTVAL.
O Ciel! Un autre vous posséde?
JULIE.
Non pas encor.
MONTVAL *à Julie.*
Le mal n'est donc pas sans reméde?
LA MARQUISE *à Montval.*
Ne vous alarmez point de tout ce qu'on vous dit.
LE COMTE.
Qu'il ne s'alarme point? Il s'agit d'un dédit:
Ne traitez pas ceci de conte ridicule.
MONTVAL.
Quel est, dans ce dédit, la somme qu'on stipule?
LE COMTE.
Cinquante mille écus.
LA MARQUISE *à Montval.*
Ne croyez point cela,
De grace.
LE COMTE.
Demandez à ma sœur, la voilà.
LA MARQUISE.
Ma fille, dit-il vrai?
JULIE.
Je l'ai sû de mon pere,
J'en suis au desespoir.
LA MARQUISE.
J'apprens un beau mystere.

LE COMTE.
Vous voyez si je mens.
LA MARQUISE.
O triste vérité!
Avec qui votre pere a-t-il fait ce traité?
LE COMTE.
Avec son cher Baron.
LA MARQUISE.
Ah l'indigne!
MONTVAL.
Madame,
Si Julie est constante, elle sera ma femme;
Obtenez seulement qu'on rompe le dédit,
Je payrai le Baron.
DORTIERE *à part.*
Je créve de dépit.
MONTVAL.
Pour devenir heureux, je plaindrai peu la somme.
LE COMTE.
Le trait, je le confesse, est d'un bien galant homme.
JULIE.
Je n'accepterai point ce généreux secours:
J'aime mieux, au couvent, aller passer mes jours,
Pour vous être fidelle, & vous rendre justice.
Je vous en fais, Montval, un tendre sacrifice.
MONTVAL.
Et moi je le refuse, & je suis en état...
LA MARQUISE.
Vous poursuivrez chez moi ce généreux combat,
[*au Comte.*]
Venez. Et vous aussi.
LE COMTE.
Non, souffrez...
LA MARQUISE.
Je l'exige.

L'ARCHI-MENTEUR.

LE COMTE.
[*montrant Dortiere & Clarice.*]
Il faut que je leur parle.
LA MARQUISE.
Oh ! fuivez-moi, vous dis-je.

SCENE VIII.
CLARICE, DORTIERE.

DORTIERE.
Vous voyez ce qui doit arriver de ceci.
J'ai deux partis à prendre : en deux mots les voici.
Me battre avec Montval est le premier.
CLARICE.
Et l'autre ?
DORTIERE.
Seroit fort de mon goût, s'il se trouvoit du vôtre.
Pour me résoudre enfin, il faut nous expliquer.
CLARICE.
Voyons.
DORTIERE.
Depuis un temps vous pouvez remarquer
Que mes empressemens ne touchent point Julie.
CLARICE.
Vous battre pour l'avoir seroit une folie.
Si vous étiez vainqueur, elle vous hairoit;
Si vous ne l'étiez pas, elle triompheroit.
Quel que fût votre sort, vous en auriez la honte.
DORTIERE.
Je le croi comme vous. Aimez-vous bien le Comte ?
CLARICE.
Je conviens qu'avec lui j'aurois pû m'engager,
Mais je ne l'aurois fait que pour vous obliger:

Pour obtenir sa sœur, c'est vous qui m'en pressâtes,
Et je ne vins ici que quand vous l'exigeates.

DORTIERE.
Eh bien, vengez-moi donc.

CLARICE.
Je ne puis vous celer
Que je croi valoir trop pour être un pis aller.

DORTIERE.
Je vous aimai toujours, adorable Clarice :
Mon cœur à l'amitié faisoit un sacrifice ;
Mais si vous le voulez, je reprendrai mon bien...
Vous balancez, Clarice, & ne répondez rien.

CLARICE.
Que dira votre ami ?

DORTIERE.
Sa sœur me justifie.
D'ailleurs, écoutez bien ce que je vous confie,
Mon pere me défend de m'allier ici,
Et j'en ai pour témoin la lettre que voici,
Qui depuis un instant vient de m'être remise.

CLARICE *après avoir lû*.
L'inconstance, en effet, peut vous être permise ;
Mais c'est trahir le Comte.

DORTIERE.
Eh, qu'importe ? En tout cas,
S'il vouloit s'en fâcher, je ne le fuirois pas ;
Mais n'appréhendez rien, si vous voulez m'en croire ;
Il est vain, & sera la dupe de sa gloire :
S'il croit que vous m'aimez, il vous regardera
Comme indigne de lui, du moins il le feindra.

CLARICE.
Me voilà rassurée.

SCENE IX.

LE MARQUIS, CLARICE, DORTIERE.

LE MARQUIS.

AH, je vous prens enfemble !
Quoi, petite effrontée...
　　　CLARICE à Dortiere.
　　　　　　Il faut m'enfuir ; je tremble
Que fa brutalité ne caufe quelque éclat.
　　　DORTIERE.
Monfieur, ne croyez pas...
　　　LE MARQUIS.
　　　　　　Taifez-vous, maître fat ;
Je faurai châtier vos façons infolentes.
Crois-tu que l'on t'ait pris pour flairer nos fervantes ?
Par la mort... Ils s'en vont. Au diable la Fanchon ;
Je m'en vais retourner à la fœur du Baron.

Fin du troifiéme acte.

ACTE IV.

SCENE PREMIERE.

LE MARQUIS.

AH, Lafleur te plaît donc, petite scélérate !
Je te cherche par-tout, & tu me fuis, ingrate !
J'ai beau courir, je perds tous les pas que je fais ;
Mais au fond j'en rougis. Moi rival d'un laquais !
Et rival méprisé ! je n'oserois m'en plaindre,
Ma jalouse en fureur me force à me contraindre ;
Mon fils trop pénétrant pourroit la mettre au fait,
Et je m'aperçois bien qu'elle est toujours au guet.
Jalouse à cinquante ans ! n'est-ce pas une rage ?
Elle est folle, il est vrai ; mais moi suis-je plus sage ?
J'en ai bien tôt soixante, & je suis amoureux !
Je croi qu'on feroit bien de nous lier tous deux.
Mais j'ai beau réfléchir & me faire querelle,
La maudite Fanchon m'a tourné la cervelle.
J'étois bien résolu de l'oublier : morbleu,
Dès que je l'entrevois, je me sens tout en feu.
Ce foible me fait honte, il faut que j'en guérisse,
Et j'y réussirois, si je voyois Clarice.

SCENE II.
LE COMTE, LE MARQUIS.

LE COMTE.

Mon pere.

LE MARQUIS.

Quoi, mon fils?

LE COMTE.

Plaifant événement!
Elle vient d'arriver ici dans le moment.

LE MARQUIS.

Qui?

LE COMTE.

Clarice.

LE MARQUIS.

Clarice?

LE COMTE.

Oui, Clarice elle-même;
Vous la verrez bien-tôt.

LE MARQUIS.

Ma furprife eft extrême:
Cela ne fe peut pas.

LE COMTE.

Cela fe peut fi bièn;
Que je viens de la voir.

LE MARQUIS.

Oh! je n'y comprens rien;
Et jamais je n'ai vû d'incidens de la forte.
Sa lettre nous marquoit...

LE COMTE.

C'eft que fa tante eft morte,

LE MARQUIS.
Morte?
LE COMTE.
Subitement.
LE MARQUIS.
Elle a bien fait.
LE COMTE.
Au mieux.
A peine de sa tante elle eut fermé les yeux,
Qu'elle partit en poste ; & hier nous l'aurions vûe
Avant que jusqu'à nous sa lettre fût venue,
Car sa tante mourut quelques momens après
Qu'elle eut à notre ami dépêché son exprès ;
Mais ayant déja fait la moitié de sa route,
(Ce bizarre incident vous surprendra sans doute)
Elle se ressouvint qu'elle avoit oublié
Un gage précieux de la tendre amitié
Que sa tante toujours fit éclater pour elle.
LE MARQUIS.
Eh quoi donc, s'il vous plaît ? L'aventure est cruelle.
LE COMTE.
Une large cassette, où Clarice savoit
Que sa tante avoit mis les effets qu'elle avoit
En papier, en bijoux d'un prix considérable.
LE MARQUIS.
Oh quelle étourderie !
LE COMTE.
Elle est presque incroyable.
Clarice au desespoir...
LE MARQUIS.
Je n'en suis point surpris.
LE COMTE.
Prit son parti d'abord, & regagna Paris
En toute diligence, alarmée, inquiéte,
Et par un grand bonheur retrouva la cassette.
LE MARQUIS.

L'ARCHI-MENTEUR.

LE MARQUIS.

Ah! tant mieux.

LE COMTE.

Ce matin, dès la pointe du jour
Revenant sur ses pas, la voilà de retour.
Ayant mis ses effets en sûreté chez elle,
Elle-même est venue apporter la nouvelle
De sa brusque arrivée; & notre cher Baron,
Pour elle desormais ne prendra plus Fanchon.

LE MARQUIS.

Ma foi, ni moi non plus.

LE COMTE.

Clarice est en présence :
Vous pouvez maintenant former cette alliance.

LE MARQUIS.

Alliance de qui ?

LE COMTE.

De Clarice & de moi.

LE MARQUIS.

Oh! laissons-lui le temps de respirer. Eh quoi?
La marier, mon fils, aussi-tôt qu'arrivée?
Elle n'a pas besoin de nouvelle corvée.
Je serois très-honteux de la lui proposer.
Clarice est fatiguée, & doit se reposer.

LE COMTE.

Oui; mais deux ou trois jours, tout au plus, lui suffi-
sent.

LE MARQUIS.

Dites deux ou trois mois : les Médecins nous disent....

LE COMTE.

Eh! ne recourez point à des prétextes vains :
On a les yeux sur vous, & vos secrets desseins
Commencent à percer, ma mere en est instruite.

LE MARQUIS.

Quel discours est-ce là?

LE COMTE.

Permettez-en la suite ;
Laissez-moi vous prouver l'amour & le respect
Que j'ai pour vous.

LE MARQUIS.

Comment ?

LE COMTE.

Estre trop circonspect,
Ce seroit vous trahir ; parlons donc sans mystere.
Êtes-vous résolu de rompre avec ma mere ?
De vous déshonorer par un fâcheux éclat ?

LE MARQUIS.

Non pas assurément.

LE COMTE.

Oh bien, faites état
Que si vous n'agréez que j'épouse Clarice,
Vous allez m'exposer au plus cruel supplice.

LE MARQUIS.

Quel supplice ?

LE COMTE.

De voir ma mere pour jamais
Se séparer de vous.

LE MARQUIS.

Eh pourquoi ?

LE COMTE.

Je me tais
Sur les raisons qu'elle a : ceci doit vous suffire.
Pour le reste, Monsieur, vous pouvez vous le dire.

LE MARQUIS.

On a fait des caquets.

LE COMTE.

Oui.

LE MARQUIS.

Ce diable de Baron

[demi-bas.]
M'a trahi. Je m'en vais retourner à Fanchon.

L'ARCHI-MENTEUR.

LE COMTE.

Que dites-vous, mon pere ?

LE MARQUIS.

Oh rien, je vous assure.

LE COMTE.

A quoi concluez-vous ?

LE MARQUIS.

Je vois qu'il faut conclure
A vous donner Clarice.

LE COMTE *lui baisant la main.*

Ah ! vous me ravissez.

LE MARQUIS.

Mais qu'on ne vienne pas sur Fanchon...

LE COMTE.

C'est assez.

LE MARQUIS.

Me faire sottement quelque tracasserie.

LE COMTE.

Non, je vous en répons.

LE MARQUIS.

Au moins, je vous en prie ;
Car je suis innocent sur cet article-là,
Comme l'enfant qui naît.

LE COMTE.

Oh ! je sai bien cela,
Et j'en pourrois jurer. Quelle horrible injustice !
J'en ai grondé ma mere.

LE MARQUIS.

Oui ; mais voici Clarice.

LE COMTE.

Profitez, s'il vous plaît, de cette occasion
Pour lui faire savoir...

LE MARQUIS.

C'est mon intention.

SCENE III.

CLARICE *vêtue magnifiquement*, LE MARQUIS, LE COMTE.

LE MARQUIS.

Soyez la bien venue, aimable voyageuse.

CLARICE.

Je suis toute en desordre, & j'en suis bien honteuse.
Lorsque l'on court en poste, on se dérange fort.

LE MARQUIS.

Ah! si mes yeux me font un fidéle rapport,
Le mouvement vous donne une nouvelle grace.

CLARICE.

Vous étes obligeant.

LE MARQUIS.

Souffrez qu'on vous embrasse
Pour vous marquer la joie...

CLARICE.

Ah! Monsieur, doucement.

LE MARQUIS.

Ma foi, j'aime à vous voir dans cet habillement,
Il vous sied à ravir; permettez donc encore...

CLARICE.

Non, s'il vous plaît, Monsieur : votre bonté m'honore;
Mais de grace, songez que je viens de courir,
Et que quand on arrive, on est lasse à mourir.

LE MARQUIS *au Comte*.

Je vous le disois bien, elle est trop fatiguée.

[*à Clarice.*]

Vous vous trouvâtes hier, je croi, bien intriguée,
Quand vous fûtes contrainte à regagner Paris?

L'ARCHI-MENTEUR.

CLARICE.
J'étois au desespoir.
LE MARQUIS.
Pour calmer vos esprits,
Que n'étois-je avec vous ! j'aurois volé moi-même...
LE COMTE bas au Marquis.
Songez donc...
LE MARQUIS.
A propos, mon fils dit qu'il vous aime,
Et se croiroit heureux s'il étoit votre époux.
En effet, tout le monde est amoureux de vous.
Pour moi, si j'étois veuf, avec un peu moins d'âge,
Vous me feriez d'abord renoncer au veuvage ;
Car je suis encor verd, en parfaite santé,
Et de votre mérite à tel point enchanté,
Que je vous comblerois...
LE COMTE.
Je vais dire à ma mere...
LE MARQUIS l'arrêtant.
Attendez, nous allons parler de votre affaire.
Seriez-vous disposée à recevoir mon fils
Pour votre époux ?
CLARICE froidement.
Monsieur, je dois prendre l'avis
De mon frere ; sans lui je ne puis vous répondre.
LE MARQUIS.
C'est bien dit.
LE COMTE.
Quelle glace !
LE MARQUIS.
Eh bien, laissez-la fondre ;
Attendez le dégel.
LE COMTE à Clarice.
Mais du moins, dites-moi
Si vous consentiriez à recevoir ma foi,

En cas que mon deſſein ne trouvât point d'obſtacle,
CLARICE.
C'eſt à mon frere...
LE MARQUIS.
      Oui, ſon frere eſt ſon oracle;
Ne le voyez-vous pas ? Il faut le conſulter.
Rien ne preſſe, après tout ; laiſſez-la méditer.
On vous donne du temps, pouponne incomparable,
Deux mois, trois mois, ſix mois ; car je ſuis raiſonnable.
LE COMTE.
[à Clarice.]
Mais pas trop, ce me ſemble. Abrégeons, s'il vous plaît,
Clarice ; en quatre mots prononcez mon arrêt.
J'ai déja l'agrément de Monſieur votre frere.
LE MARQUIS *vivement.*
Et moi je vous répons qu'il dira le contraire.
LE COMTE *donnant la main à Clarice.*
C'eſt ce qu'il faut ſavoir. Vous voulez bien, je croi,
Que nous nous expliquions, & venir avec moi.

[*Ils ſortent tous deux en faiſant une profonde révérence au Marquis, qui ôte & remet ſon chapeau bruſquement.*]

SCENE IV.

LE MARQUIS *ſeul.*

LE bourreau me l'enléve, & je n'oſe rien dire :
Pour me déconcerter, tout s'unit, tout conſpire.
Clarice, je le vois, n'a pour moi que froideur.
Mon fils veut l'épouſer, ma femme eſt en fureur ;

C'est elle qui l'excite à demander Clarice,
Pour me faire enrager ; & tout mon artifice
N'a pû venir à bout de cacher mon secret.
Oui, je m'en aperçois, je suis trop indiscret.
Sans ce maudit Lafleur, j'espérerois encore
De devenir heureux : car il faut que j'adore,
Ou Clarice, ou Fanchon. La chose étant ainsi,
Je veux gagner Lafleur, ou le chasser d'ici.
Il vient fort à propos ; je vais, en homme sage,
Sonder adroitement si j'en puis faire usage.

SCENE V.

DORTIERE, LE MARQUIS.

DORTIERE *à part.*

Tendons-lui nos panneaux.

LE MARQUIS.

Ah, Lafleur, te voilà !
Qui cherches-tu ? Fanchon ?

DORTIERE.

Moi ? Non pas.

LE MARQUIS.

Eh, la, la,
Ne fais point tant le fin, tu l'aimes.

DORTIERE.

Au contraire,
Je la hais.

LE MARQUIS.

Pourquoi donc ? Hem ?

DORTIERE.

C'est que j'ai beau faire ;
Je ne puis parvenir à m'en faire aimer.

LE MARQUIS.

Bon !
Tu te moques de moi.

DORTIERE.

Je vous jure que non.

LE MARQUIS.

Pauvre garçon ! Ma foi, je te plains.

DORTIERE.

La friponne
A de l'ambition.

LE MARQUIS.

Tout de bon ?

DORTIERE.

Je soupçonne
Que vous l'avez gâtée en lui faisant accueil,
Et que son petit cœur en est gonflé d'orgueil.
Pour les pauvres valets il est plus dur que roche,
J'en étouffe de rage ; & quand je lui reproche
Qu'elle vous a tantôt reçu plus poliment :
Belle comparaison, dit-elle brusquement,
Vous n'êtes qu'un laquais, & Monsieur est le maître ;
Il me fait trop d'honneur : vous le savez peut-être,
Ou si vous l'ignorez, mettez-vous dans l'esprit,
Que mon cœur est flatté de tout ce qu'il me dit.

LE MARQUIS *d'un air joyeux.*

Me dis-tu vrai, Lafleur ?

DORTIERE.

Oh, oui, foi d'honnête homme.

LE MARQUIS *après avoir un peu rêvé.*

Tu ne hais pas l'argent ?

DORTIERE.

Moi, non.

LE MARQUIS.

Pour quelle somme
Voudrois-tu devenir mon confident secret ?

DORTIERE.
Pour ce que vous voudrez.
LE MARQUIS.
Es-tu fin & discret ?
DORTIERE.
Diable ! c'est-là mon fort ; essayez mon adresse.
LE MARQUIS.
J'ai conçu pour Fanchon la plus vive tendresse.
DORTIERE.
Je m'en étois douté.
LE MARQUIS.
Tout de bon ?
DORTIERE.
Entre nous,
Si vous ne l'aimiez pas, en seriez-vous jaloux ?
LE MARQUIS.
Eh bien, veux-tu, mon cher, me servir auprès d'elle ?
DORTIERE.
Parbleu, de tout mon cœur.
LE MARQUIS.
Discrétion & zéle,
Ce sont-là les deux points dont je te païrai bien.
Que ma femme & mon fils ne se doutent de rien !
DORTIERE.
S'ils se doutent de moi, je veux que l'on me berne.
LE MARQUIS.
Ma femme est un démon, & mon fils la gouverne.
DORTIERE.
Je sai déja cela.
LE MARQUIS.
Diable, quel idiot !
DORTIERE.
Je vois tout d'un coup d'œil, j'entens à demi-mot.
LE MARQUIS.
Voilà ce qu'il me faut. Tiens, voilà vingt pistoles.

L'ARCHI-MENTEUR.

DORTIERE.
Vous me pairai tantôt.

LE MARQUIS.
Soit.

DORTIERE.
En quatre paroles,
Qu'exigez-vous de moi ? me voilà prêt à tout.

LE MARQUIS.
C'est de dire à Fanchon qu'elle est fort de mon goût.

DORTIERE.
Elle s'en doute bien, je le vois à sa mine:
Quoiqu'elle ait peu d'esprit, par instinct elle est fine.

LE MARQUIS.
C'est fort bien distinguer, monsieur le Grenadier :
Vous n'êtes pas si sot que vous êtes grossier,
Et vous me semblez propre à conduire une intrigue.

DORTIERE.
La vôtre ira son train sans beaucoup de fatigue.
Fanchon n'a pas d'acquit, mais, sans prévention,
Elle ne manque pas de disposition.
Au premier entretien, je la garantis folle.

LE MARQUIS.
De moi ?

DORTIERE.
Bien entendu ; comptez sur ma parole.

LE MARQUIS.
Et toi sur mon argent. Trouve donc le moyen
Que je puisse avec elle avoir un entretien.

DORTIERE.
Je m'en vais m'acquitter de ma noble ambassade.
On doit aller au loin faire une promenade ;
Et dès que je verrai tout le monde dehors,
J'amène ici Fanchon, j'en réponds corps pour corps.

LE MARQUIS.
Quand il en sera temps, j'aurai soin de m'y rendre.

L'ARCHI-MENTEUR.

DORTIERE.
Songez-y.

LE MARQUIS.
Ne crains pas que je me fasse attendre.

DORTIERE.
J'apperçois votre fils, sortez.

LE MARQUIS.
C'est fort bien dit ;
Il faut être rusé.

DORTIERE.
Vivent les gens d'esprit !

SCENE VI.

LE COMTE, DORTIERE.

LE COMTE.
EH, qui sont ces gens-là ?

DORTIERE.
Ton pere. O l'habile homme !
Pour venir à son but, il ne plaint pas la somme,
Il donne à pleines mains. De ce pere prudent
J'ai maintenant l'honneur d'être le confident :
Clarice est hors de Cour, malgré tout son mérite,
Et Fanchon maintenant Sultane favorite.
Il m'a chargé du soin de le lui déclarer :
A répondre à ses feux je dois la préparer,
Et je m'en suis chargé. Messager prompt, fidéle,
Ici je dois bien-tôt introduire la belle
Pendant la promenade : heureuse occasion
De voir l'objet aimé, sans interruption.

LE COMTE.
L'occasion nous rit beaucoup plus qu'à mon pere ;
Profitons-en, sur-tout en faveur de ma mere,

Qui, suivant mes avis, le rendra si confus,
Qu'à de pareils écarts il ne songera plus ;
Et par-là je saurai, du moins c'est mon envie,
Les faire vivre en paix le reste de leur vie.
Mon pere, à mon bonheur, forcé de consentir,
Ne me forcera plus désormais à mentir.
Je suis las de jouer un si bas personnage,
Et devenant heureux, je deviendrai plus sage.

DORTIERE.

Ne te manque-t-il plus que son consentement
Pour épouser Clarice ?

LE COMTE.

     Eh mais, apparemment.

DORTIERE.

Apparemment ! Clarice est-elle résolue ?...

LE COMTE.

Non : je croyois l'affaire absolument conclue ;
Mais depuis un moment, & je ne sai pourquoi,
Clarice me paroît assez froide pour moi.
Quelle en est la raison ? Pourrois-tu me la dire ?

DORTIERE.

Pour quelqu'un en secret peut-être elle soupire.

LE COMTE.

Qui pourroit, tout-à-coup, la forcer à changer ?
Songes-y, je t'en prie.

DORTIERE.

     Oui, oui, j'y vais songer.
Bien souvent c'est celui que le moins on soupçonne.

LE COMTE.

Cependant je ne vois ici venir personne
Qu'on puisse soupçonner.

DORTIERE.

     Hom ! l'Amour est bien fin,
Et quelquefois bien traître. Il me cause un chagrin
Dont je dois me venger. Ici, par son adresse,
Je m'étois introduit auprès de ma maîtresse ;

Et le traître qu'il est, ressuscite un rival
Pour me perdre auprès d'elle.
LE COMTE.
Elle adore Montval,
Tu le sais bien.
DORTIERE.
D'accord ; malgré cela j'espere
Que tu vas empécher qu'on ne me le préfere.
De ta mere, à ton gré, tu gouvernes l'esprit ;
Fais la pencher pour moi.
LE COMTE.
Ce diable de dédit
Qu'il s'offre d'acquitter, la lui rend favorable.
Tu devois sur le champ faire une offre semblable.
DORTIERE.
Pourroit-on s'y fier ? Ce seroit n'offrir rien,
Puisque je ne suis pas le maître de mon bien.
LE COMTE.
Le Baron ton ami pourroit te faire grace,
Ou t'accorder du temps.
DORTIERE.
J'aurois l'ame assez basse
Pour exiger de lui cinquante mille écus ?
Non, mon cher, & d'ailleurs je craindrois un refus.
Quel ami voudroit faire un présent de la sorte ?
LE COMTE.
Ne t'étonne donc pas si ton rival l'emporte,
Et ne me blâme point, si malgré mon crédit,
Je ne puis empécher les effets du dédit.
DORTIERE.
Mais est-il bien réel ?
LE COMTE.
Très-réel, je t'assure.
[à part.]
Morbleu, faut-il lâcher encor cette Imposture ?

Je n'ai pû résister aux larmes de ma sœur.
DORTIERE.
Tu m'abandonnes donc ?
LE COMTE.
C'est que j'ai trop bon cœur.
Ce diable de Montval a subjugué ma mere
Aussi-bien que ma sœur. Je suis fils, je suis frere :
Toutes deux sur mes sens plus puissantes que moi,
Abusent de leur force, & m'imposent la loi.
DORTIERE.
Ajoute encore un point, c'est que Montval t'impose.
LE COMTE.
Ma foi, naïvement je t'avouerai la chose,
Son mérite est frappant, j'en ai senti l'effet.
DORTIERE.
Je ne le vois que trop.
LE COMTE.
Si quelqu'homme est parfait,
C'est Montval, ce me semble, ou nul ne le peut être.
Malgré cela pourtant, si j'en étois le maître,
Sur ma foi, mon honneur, tu serois préféré,
Et peut-être qu'encor rien n'est désespéré.
Ne te rebute point que je ne te le dise.
Mais je vais avancer sans délai ni remise,
La suite du projet que tu viens d'entamer ;
Tout est prêt pour cela.

SCENE VII.

DORTIERE *seul.*

Pourroit-on me blâmer
Si j'allois de ce pas défabuser son pere ?
Le Comte me trahit, abufé par fa mere ;
Mais je me venge affez en m'emparant du cœur
De l'objet de fes vœux : & fon ingrate fœur
Eſt indigne de moi, puifqu'elle me méprife.
Au parti que je prens, le dépit m'autorife.
Clarice m'aime ; allons, il s'agit de fonder
Si ce fou de Baron voudra me l'accorder.
A l'égard du Marquis, je fai bien qu'il m'abhorre :
Je voulois m'en venger, & je le veux encore :
J'avois bien commencé ; je vais, pour l'achever,
Le pouffer dans le piége, au lieu de l'en fauver.

SCENE VIII.

LE BARON, DORTIERE.

DORTIERE.
Je vous cherchois, Monfieur : voulez-vous bien
permettre…

LE BARON.
Que me veut ce maraud ?

DORTIERE.
Vous donner une lettre.

LE BARON.

De quelle part ?

DORTIERE.

Lifez le deffus, s'il vous plaît :
L'écriture vous dit de quelle part elle est.

LE BARON.

C'est de Dortiere !

DORTIERE.

Oui, de mon frere cadet.

LE BARON.

Que veut dire ceci ?

DORTIERE.

Vous allez être au fait.
Mon frere vous propofe une riche alliance.

LE BARON.

Tu fais ce qu'il m'écrit ?

DORTIERE.

Oui, Monsieur, ce qu'il pense ;
Ce qu'il dit, ce qu'il fait, je le sai comme lui ;
Et c'est pour l'obliger que je sers aujourd'hui
Dans cette maison-ci ; sans cela, j'aurois honte
D'avoir pris la livrée, & de servir le Comte.
Mais il a ses raifons, un jour vous les saurez,
Et fans peine, je croi, vous les approuverez.
Lisez.

LE BARON *lit.*

Ayant reçû contre-ordre de mon pere
Lorsque j'étois à mi-chemin,
Je suis de retour, cher voisin,
Et je t'attens chez moi, pour traiter une affaire
Dont, je croi, tu seras surpris,
Mais qu'il faudra demain terminer à Paris.
Mon pere veut pour moi te demander Clarice.
Si tu consens que l'Hymen nous unisse.

Tu

L'ARCHI-MENTEUR,

Tu me feras un heureux sort,
Et comme tu voudras nous ferons notre accord.

DORTIERE.

Parbleu, je suis ravi de ce qu'il me propose.
Je vois qu'en sa faveur ici tout me dispose,
Car tout s'y réunit pour me faire enrager.
Le Marquis m'abandonne, & je veux m'en venger.
Je n'en pouvois trouver de plus sûre maniere,
Que de donner ma sœur à mon ami Dortiere;
Il le hait à la mort, il s'en est expliqué,
Et le Comte en doit être également piqué.
Je me suis apperçu qu'il adore Clarice,
Ainsi de son mépris je me ferai justice
Dès que je le voudrai. Mais je suis indiscret
De parler devant toi. N'es-tu pas son valet ?

DORTIERE.

Oui, je le suis, Monsieur, mais c'est par stratagême.
Me parler, c'est parler à Dortiere lui-même,
Je suis son confident, je suis son espion ;
Et ravi d'être instruit de votre intention,
Je cours l'en informer.

LE BARON.

Suspens un peu ta course,
Mon enfant ; il me reste encore une ressource
Pour obtenir l'objet que j'aime à la fureur.
Je veux voir mon rival, & tâter sa valeur.
Si je le fais plier, je m'assure Julie.

DORTIERE.

Prenez garde, Monsieur, de faire une folie;
Votre rival a l'air d'un vaillant homme.

LE BARON.

Et moi,
Ne suis-je pas un brave ?

DORTIERE.

Ah! Monsieur, je le croi,

Tome X.   V

LE BARON.
D'ailleurs je suis piqué, jaloux, inconsolable;
Et l'Amour en fureur me rend pire qu'un diable.
DORTIERE.
Peste!
LE BARON.
J'avois remis mes exploits à trois ans;
Mais mon cœur enflammé veut abréger le temps.
DORTIERE.
Tenez, voici Montval.
LE BARON.
Laisse-nous, je te prie;
Je veux agir pendant que je suis en furie.

[*Dortiere fort.*]

SCENE IX.

MONTVAL, LE BARON.

LE BARON *d'un air haut.*

N'Est-ce pas vous, Monsieur, qui vous nommez Montval?
MONTVAL.
C'est moi-même, Monsieur.
LE BARON.
Vous êtes mon rival;
A ce que l'on m'a dit.
MONTVAL.
Cela pourroit bien être;
Mais, Monsieur, je n'ai point l'honneur de vous connoître.
Seriez-vous ce Baron...
LE BARON.
C'est moi, sans contredit.

L'ARCHI-MENTEUR.

MONTVAL.

Je n'y contredis pas. On parle d'un dédit
Que vous avez en main.

LE BARON.

Si je l'ai, je suis homme
A me faire payer exactement la somme ;
Et, quel que soit, morbleu, celui qui la devra,
Sans quartier ni remise il la financera.
Je suis verd sur mes droits, & tiens de feu mon pere,
Qui savoit vivement soutenir une affaire.

MONTVAL.

Nous n'en aurons aucune, & me voilà tout prêt
A payer le dédit.

LE BARON.

Oui, si cela me plaît ;
Mais j'aime moins l'argent que je n'aime Julie ;
Et me la disputer, c'est faire une folie,
Je vous en avertis.

MONTVAL.

Je ne le croyois pas.

LE BARON.

Et que j'ai soutenu plus de trente combats,
Qui n'ont été pour moi que des moissons de gloire.
Quoiqu'on m'ait quelquefois disputé la victoire,
Ma valeur redoutable en a mieux éclaté ;
Elle punit l'audace & la témérité ;
Et si vous en doutez, j'en porte ici la preuve.

[mettant la main sur son épée.]

MONTVAL *en souriant.*

Je ne veux point, Monsieur, vous mettre à cette
épreuve :
Votre argent sera prêt au plus tard dès demain.

LE BARON.

C'est peu que de ma somme, il faut un coup de main.
Ma valeur vous surprend, votre ame en est frappée ;
Mais sachez que Julie est au bout de l'épée.

V ij

[à part.]
Il rougit, il pâlit; je n'ai qu'à le pousser.
MONTVAL.
Parlez-vous tout de bon?
LE BARON.
Faut-il recommencer?
MONTVAL.
Vous ne ferez pas mal, j'ai peine à vous comprendre.
LE BARON.
Ouvrez donc mieux l'oreille, & vous allez m'entendre.
Que le dédit exiſte, ou qu'il n'exiſte point,
Que je l'exige, ou non, ce n'eſt pas-là le point;
Le fait eſt, qu'il vous faut renoncer à Julie,
Ou par la ventrebleu...
MONTVAL.
Monſieur, je vous ſupplie,
Ne nous échauffons point.
LE BARON *d'un ton vif & haut.*
Je veux m'échauffer, moi;
M'en empêcherez-vous?
MONTVAL.
Vous plaiſantez, je croi.
LE BARON.
Je plaiſante! oh, parbleu, le trait eſt admirable!
On ne badine point ſur un ſujet ſemblable,
Et pour en être ſûr, écoutez bien ceci;
Laiſſez-moi le champ libre, & décampez d'ici.
MONTVAL *mettant ſon chapeau.*
Et ſi je vous priois d'en décamper vous-même?
LE BARON.
Cela ſeroit plaiſant!
MONTVAL.
Ma patience extrême
Vous fait prendre un haut ton: ſi je l'ai ſupporté,
C'eſt que j'honore en vous l'homme de qualité;
Mais vous en abuſez. Sachez que l'inſolence

N'accompagne jamais qu'une fausse vaillance:
Le vrai brave est modeste, est mesuré, prudent;
Il ne s'abaisse point à faire le fendant,
Les faits parlent pour lui; jamais il ne s'emporte,
Et regarde en pitié les gens de votre sorte.
LE BARON.
Oh! je vous ferai voir...
MONTVAL *tirant l'épée.*
Eh bien, plus de façon.
LE BARON.
Doucement, s'il vous plaît, respectons la maison.
MONTVAL.
Sortons, Monsieur, je sais un endroit solitaire...
LE BARON.
Oui, mais nous nous ferions une fâcheuse affaire;
Un duel nous perdroit. Tenez, nous nous battrons,
Lorsque, sans y penser, nous nous rencontrerons.
MONTVAL.
Cette réflexion est un peu trop tardive;
Plus de discours, marchons; & quoi qu'il en arrive...
Vous ne me suivez pas?
LE BARON.
Vous savez bien pourquoi;
Ne vous l'ai-je pas dit?
MONTVAL *le prenant au bouton.*
Oui, maintenant je vois
Que vous êtes un fat.
LE BARON.
Si j'étois en colere...
MONTVAL.
Marchez, ou taisez-vous.
LE BARON *vivement.*
Eh bien, il faut se taire.
MONTVAL. [*d'un ton haut.*]
Vous ferez sagement. Montrez-moi ce dédit;
Voyons s'il est conforme à ce que l'on m'a dit.

L'ARCHI-MENTEUR.

LE BARON.

Ma foi, je ne l'ai pas.

MONTVAL *vivement.*

Tréve de raillerie.

LE BARON.

Ce dédit prétendu n'est qu'une menterie.
[*Dortiere paroît.*]
Demandez au Marquis; c'est lui qui l'a cité
Pour me faire son gendre, & j'en ai profité.

MONTVAL.

Dès que je le verrai, j'éclaircirai l'affaire;
Et vous, retirez-vous, vous ne pouvez mieux faire.
[*Il sort, & le Baron lui fait une profonde révérence.*]

SCENE X.

DORTIERE, LE BARON.

DORTIERE.

Vous avez l'air bien triste & bien humilié!

LE BARON.

Cet homme est un sorcier, il m'a pétrifié.
Contre lui ma valeur s'est d'abord mutinée;
Tout-à-coup j'ai senti qu'il l'avoit enchaînée.

DORTIERE.

C'est un sort.

LE BARON.

Sûrement.

DORTIERE.

Eh! que résolvez-vous?

LE BARON.

Je vois bien qu'il faudra me retirer chez nous;
Ma valeur ne tient point contre le sortilége.

[*Il sort.*]

L'ARCHI-MENTEUR.

SCENE XI.

LA MARQUISE *déguisée comme Clarice*, DORTIERE, LE COMTE.

DORTIERE.

AH, vous voici ! je vais amener dans le piége
Votre amoureux époux. Qu'une tendre pudeur,
Sous la coëffe, à ses yeux cache votre rougeur ;
Car je l'ai prévenu qu'excessivement sage,
Fanchon ne vouloit pas découvrir son visage ;
Et qu'elle écouteroit, mais ne répondroit rien.

LA MARQUISE.

Cela suffit ; allez, je m'en tirerai bien.
[*Dortiere sort.*]

SCENE XII.

LA MARQUISE, LE COMTE.

LA MARQUISE.

Vous me faites jouer un rôle bien étrange ;
Mais peu m'importe, au fond, pourvû que je me venge.

LE COMTE.

Lorsque je vous fais faire un pas si délicat,
Je veux moins vous venger qu'éviter un éclat.
Le prenant sur le fait, vous allez le confondre,
Et vous déciderez sans qu'il ose répondre.
J'espere dès ce soir vous réconcilier,
Et vous n'aurez tous deux qu'à me remercier.

LA MARQUISE.
Ne vous éloignez pas, car je ne me hasarde...
LE COMTE.
Pour vous tranquilliser, songez que je vous garde.
Je sors, asséyez-vous.
LA MARQUISE.
Donnez-moi ce fauteuil.
LE COMTE *la faisant asseoir.*
Baissez la coëffe. Bon.
[*Il sort vite.*]

SCENE XIII.

LE MARQUIS, DORTIERE, LA MARQUISE.

LE MARQUIS *à Dortiere.*

Fais bien la guerre à l'œil.
DORTIERE.
Vous, profitez du temps ; je vais garder la porte.
Vous tremblez, ce me semble ?
LE MARQUIS.
Oui, l'amour me transporte.
Prens garde à ma jalouse, elle a le diable au corps.
DORTIERE.
Ne craignez rien ici, car le diable est dehors.

SCENE XIV.

LE MARQUIS, LA MARQUISE.

LE MARQUIS.

ENfin donc je vous tiens, adorable poulette!
Mais ma félicité ne peut être parfaite,
Tant que vous cacherez les appas féduifans
Qui troublent ma raifon, & charment tous mes fens;
Vous leverez enfin cette coëffe jaloufe.
Ah! que ne fuis-je veuf! vous feriez mon époufe
Dès le lendemain; oui, dût mon fils en crever,
Et ce bienheureux jour pourra bien arriver :
Ma femme eft vieille, ufée, & quoi que l'on en dife,
J'efpere que Fanchon fera bien-tôt Marquife.
Par avance, mon cœur, je jure à tes genoux
Que je fuis tout à toi, que je fuis ton époux.

[*elle lui donne la main.*]

Donne-moi donc ta main, & mets-la dans la mienne;
Reçois ma foi, ma chere, & je reçois la tienne.

[*en fe levant.*]

Nous voilà mariés; ainfi, mon petit cœur,
Tu dois tout accorder à ma brûlante ardeur.
Commence par lever ce voile infupportable.

LA MARQUISE *déguifant fa voix.*
Ah! levez-le vous-même.

LE MARQUIS.
[*il léve la coëffe.*]
Oui, poule. Ah! c'eft le diable.

LA MARQUISE *fe levant furieufe*
Et qui t'étranglera.

Tome X. X

LE MARQUIS *en s'enfuyant.*
Où fuir ? où me sauver ?
LA MARQUISE.
Fût-ce dans les enfers, je saurai t'y trouver.
[*elle court après lui.*]

Fin du quatriéme acte.

ACTE V.
SCENE PREMIERE.

LE MARQUIS, LE COMTE.

LE COMTE.

DE grace, arrêtez-vous.

LE MARQUIS.

Non, je n'en veux rien faire.

LE COMTE.

Quel est votre dessein ?

LE MARQUIS.

Ce n'est pas votre affaire.
Tu m'as joué, coquin, mais tu me le payeras ;
Si je puis te trouver, je te romprai les bras.
Je le cherche par-tout ; où diable peut-il être ?

LE COMTE.

Parlez-vous de Lafleur ?

LE MARQUIS.

De lui-même. Le traître,
Quel tour il m'a joué ! Vous étiez de complot,
Ou je suis fort trompé.

LE COMTE.

N'en croyez pas un mot.
Moi me mêler, Monsieur, d'une intrigue semblable ?
Je vous honore trop, & suis trop raisonnable.

LE MARQUIS.

Tant mieux pour vous, morbleu, si vous me dites vrai ;
Mais dès le même instant j'en veux faire l'essai.
Amenez-moi Lafleur.

LE COMTE.
                    J'oubliois de vous dire...
LE MARQUIS.
Non ; je veux le rouer jusqu'à ce qu'il expire.
LE COMTE.
Épargnez-vous ce soin, je vous ai prévenu.
Preuve que son projet ne m'étoit point connu,
Je vous dirai comment l'affaire s'est passée
Entre Lafleur & moi. D'une joie insensée,
Ce traitre, en m'abordant, m'a paru transporté,
Il sautoit, il rioit ; enfin il m'a conté,
De ma mere & de vous, la bizarre entrevûe.
A ce fatal récit mon ame s'est émûe ;
Prévoyant les effets d'un tour aussi cruel,
J'en ai senti d'abord un déplaisir mortel.
Quoi, sans m'en avertir, concerter cette scéne,
Dont l'effet va produire une immortelle haine,
Ai-je dit ? Ah ! coquin, boutefeu dangereux,
Tu fais notre malheur, & tu te crois heureux !
Tu dois être assommé de la main de mon pere ;
Mais tu n'attendras pas l'effet de sa colere.
De vingt coups furieux mon bras l'a terrassé,
Je l'ai mis tout en sang, & puis je l'ai chassé.
LE MARQUIS.
Ma vengeance n'est pas encor bien assouvie :
S'il tombe sous ma main, il y perdra la vie.
LE COMTE.
Ah ! j'en ai fait assez.
LE MARQUIS.
                    Oui, selon votre avis,
Mais non selon le mien : pour agir en bon fils,
Il falloit sans quartier le tuer sur la place.
LE COMTE.
Eh bien, je le tuerai.
LE MARQUIS.
                    Le fripon ! quelle audace,

L'ARCHI-MENTEUR.

De me tendre le piége afin de m'attraper !
Moi ! moi qu'homme vivant n'a jamais pû tromper !
LE COMTE.
Ah ! c'est la vérité : voilà ce qui m'étonne.
LE MARQUIS.
Mais je me vengerai du chagrin qu'on me donne.
Votre mere triomphe & m'a rendu confus ;
Comptez que desormais je ne le serai plus :
Ma honte s'est tournée en desespoir, en rage.
J'ai fui comme un coquin, mais j'ai repris courage :
A la barbe des gens je veux aimer Fanchon,
En dépit de ma femme & du qu'en dira-t-on.
LE COMTE.
Ma mere l'a chassée.
LE MARQUIS.
        Ah ! qu'osez-vous m'apprendre ?
Elle est donc chez son pere ?
LE COMTE.
      Oui.
LE MARQUIS.
            J'irai l'y reprendre ;
Et la ramenerai triomphante. Oh, morbleu,
Ce n'est pas moi qu'on berne, & l'on verra beau jeu.
LE COMTE.
Mais vous allez, Monsieur, desesperer ma mere.
LE MARQUIS.
Tant mieux, morbleu, tant mieux, qu'elle se desespere ;
Plus elle enragera, plus je me vengerai,
Et desormais en tout je la contredirai.
Elle veut que Montval entre dans ma famille ;
Néant : au Baron, moi, je destine ma fille ;
Et dès demain, sans faute, elle l'épousera,
Dût-elle en enrager. Desormais on verra
Si lorsque je m'y mets, on me méne en Jocrisse.
Pour vous, je vous défends de songer à Clarice ;

Sous peine d'encourir mon indignation.
LE COMTE.
Mon pere, il ne faut point agir par passion,
On s'en repent toujours.
LE MARQUIS.
Oh, je vous signifie,
Que quoi que vous disiez, votre philosophie
Ne m'imposera pas. Vous allez tous sentir
Le pouvoir paternel ; nargue du repentir.

SCENE II.

LE BARON, LE MARQUIS, LE COMTE.

LE MARQUIS *au Baron.*
Vous venez à propos. Mais pourquoi cet air triste?
LE BARON.
C'est qu'à notre projet tout le monde résiste ;
Et trop sûr à présent qu'il ne peut avoir lieu,
Je vais me retirer, & viens vous dire adieu.
LE MARQUIS.
Adieu? Restez ici.
LE BARON
La plus courte folie
Est la meilleure.
LE MARQUIS.
Oui ; mais sachez que Julie
Est à vous.
LE BARON *poussant un long soupir.*
Ah ! Marquis, cela ne se peut plus.
LE MARQUIS.
Je vous offre ma fille, & j'essuie un refus?

LE BARON.
Je ne refuse point cette noble alliance ;
Mais il faudroit encore exercer ma vaillance :
Je suis las de combats.

LE MARQUIS.
Craignez-vous ce Montval ?

LE BARON.
Je ne le crains pas, mais c'est un marin brutal ;
Et prompt comme je suis, nous aurions une affaire.
Je m'en vais, car je crains de me mettre en colere.

LE COMTE.
Il veut vous y forcer, il vous cherche par-tout.

LE BARON.
Bon soir ; ces brutaux-là ne sont pas de mon goût.
Du meilleur de mon cœur je serois votre gendre,
Mais je veux vous sauver quelque fâcheux esclandre.

LE COMTE.
Cet homme, qui par-tout veut primer, dominer,
A promis à ma sœur de vous exterminer.

LE BARON.
A votre sœur ? Comment, c'est elle qui l'anime ?

LE COMTE.
De sa haine pour vous, vous serez la victime...
Si vous la contraignez à vous donner sa foi ;
Et Montval à tel point s'intéresse pour moi,
Qu'en cas que vous osiez me refuser Clarice,
(Permettez qu'en ami je vous en avertisse)
Il prendra mon parti si vigoureusement,
Qu'il faudra contre lui vous battre absolument.
Pour l'en dissuader, j'ai fait tout mon possible ;
Mais je le prêche en vain, c'est un homme terrible,
Un diable déchaîné, d'autant plus dangereux,
Qu'il couvre sa fureur sous un air doucereux.

LE BARON.
Il est vrai.

LE MARQUIS.

Nous verrons. Fût-il le diable même,
Il ne me fera rien changer à mon fystême.
Je m'en vais lui parler.

LE COMTE.

Oh! d'un ton radouci,
Il vous niera d'abord ce que je dis ici;
Il priera, fuppliera, car c'est là fon adreffe:
Mais, Baron, redoutez fa fauffe politeffe:
Plus il eft humble & doux, plus il eft en fureur;
Et s'il fait une fois que vous preniez ma fœur,
Qu'à quelqu'autre qu'à moi vous deftiniez la vôtre,
Il faudra vous réfoudre à périr l'un ou l'autre,
Et peut-être tous deux, car vous êtes vaillant;
Et ne redoutez pas le plus rude affailiant,
Je vous connois bien.

LE BARON *d'un ton fier*.

Oui, vous me rendez juftice;
Mais, par pure amitié, je vous donne Clarice.
A l'égard de Julie, à quoi bon fe piquer?
Elle a le pied marin, qu'elle aille s'embarquer.

LE MARQUIS.

Oh, oh, le beau Montval fe rend ici le maître!
Têtebleu, nous verrons: il va bien-tôt connoître
Que c'eft moi qui le fuis. Ferme, mon cher Baron;
Je m'en vais le chaffer, & rappeller Fanchon.

LE COMTE.

Eftes-vous réfolu de rompre avec ma mere?

LE MARQUIS.

Quoi qu'il puiffe arriver, je veux me fatisfaire.
[*au Baron.*]
Vous aurez donc ma fille, en dépit des jaloux.
[*au Comte.*]
A l'égard de Clarice, elle n'eft pas pour vous;
Ou fi de fes attraits votre ame eft fi bleffée,
Vous prendrez patience, elle n'eft pas preffée;

L'ARCHI-MENTEUR.

A peine a-t-elle atteint l'âge de dix-neuf ans ;
Et nous la pourvoirons quand il en sera temps :
N'est-il pas vrai, Baron ?

SCENE III.

JULIE, LE MARQUIS, LE COMTE, LE BARON.

LE MARQUIS.

Ah ! Vous voilà, ma fille,
Je m'en vais décider en pere de famille.

JULIE.

Je viens savoir pourquoi vous m'envoyez chercher,
Mon pere.

LE MARQUIS.

Le voici, dussai-je vous fâcher :
C'est pour vous ordonner, dans la meilleure forme,
De renvoyer Montval ; ce n'est point là mon homme.

JULIE.

Que veut dire cela ?

LE MARQUIS.

Pour expliquer ma loi,
Voici votre mari, donnez-lui votre foi.
Çà, la main dans la sienne ; obéissez sur l'heure.

JULIE.

Ah ! Quel ordre cruel ! Voulez-vous que je meure ?

LE MARQUIS.

Bon, mourir ! En tout cas, malgré les accidens,
Rien ne peut m'arrêter ; j'ai pris le mors aux dents.
Ne venez plus ici me citer votre mere.

JULIE.

Ciel !

L'ARCHI-MENTEUR.

LE MARQUIS.
Vous allez voir tous ce que c'est qu'être pere :
Selon mon bon plaisir, je vais tout arranger.
On m'a fait un affront, & je veux m'en venger.
[*au Baron.*]
Votre main, vous dit-on. Vous, la vôtre, mon gendre.
LE BARON *appercevant Montval.*
Attendez, s'il vous plaît.
LE MARQUIS.
Quoi ? Que faut-il attendre ?

SCENE IV.

MONTVAL, JULIE, LE MARQUIS, LE COMTE, LE BARON.

LE COMTE *bas au Baron.*
Voyez cet air riant.
LE BARON *au Comte.*
Cet air-là m'est suspect.
MONTVAL *au Marquis.*
Je viens vous assurer, Monsieur, de mon respect.
LE MARQUIS.
Très-obligé, Monsieur. Vous demandez Julie,
A ce que l'on m'a dit ?
MONTVAL.
Oui, Monsieur : je vous prie
De m'être favorable, & de me l'accorder.
J'eus l'honneur, l'an passé, de vous la demander ;
Vous eûtes la bonté d'écouter ma priere ;
Et je ne pense pas avoir donné matiere
A vous faire aujourd'hui changer de sentiment.
LE MARQUIS.
L'homme, en différens temps, pense différemment.

L'ARCHI-MENTEUR.

J'eus mes raisons alors, à présent j'en ai d'autres.
Je suis bien serviteur, & de vous, & des vôtres,
Vous m'honorez beaucoup; mais j'ai changé d'avis.

MONTVAL.
Ce changement m'afflige, & j'en suis très-surpris.

LE MARQUIS.
Mais pourquoi? Le Baron vous vaut bien, ce me semble.

MONTVAL.
Nous avons eu tantôt un pourparler ensemble :
Je l'avois humblement supplié, conjuré,
De respecter mes droits.

LE BARON.
Oui : mais bon gré, mal gré,
Monsieur le Marquis veut que j'épouse Julie.

MONTVAL.
[*au Marquis.*]
Vous devez refuser. Monsieur, je vous supplie
De ne me pas punir d'avoir fait mon devoir.
Un ordre, qu'à coup sûr je ne pouvois prévoir,
M'obligea de partir avant que de conclure,
Mais ce n'est pas pour vous un motif de m'exclure ;
Au contraire, j'ai crû que mon empressement
D'être où je devois être, auroit votre agrément,
Et que bien-loin de nuire à mon droit légitime,
Il me confirmeroit l'honneur de votre estime.
Jugez de ma surprise, au moment où je vois
Que loin de m'estimer, vous rompez avec moi.
Vous, Monsieur le Baron, songez à vos promesses;
Ayez cette bonté.

LE BARON *s'éloignant de lui.*
Tréve de politesses.

LE COMTE *bas au Baron.*
Il devient furieux, prenez garde, Baron.

MONTVAL *au Baron.*
Puisque vous souhaitez que je change de ton,

Je vous déclare donc, que pere de famille,
Monsieur peut à son gré disposer de sa fille.
Sur un point seulement je conteste son droit ;
Et ce point-là, c'est vous. Je vous dis de sang froid,
Par respect pour Monsieur, que j'honore & revere,
Que vous ne parviendrez à l'avoir pour beau-pere,
Qu'après que vous m'aurez forcé d'y consentir.
Maintenant décidez.

LE BARON.

Tantôt ; je vais sortir
Pour affaire qui presse.

MONTVAL *l'arrêtant.*

Il faut faire réponse
A l'instant : prononcez.

LE MARQUIS.

Non ; c'est moi qui prononce ;
Et je dis qu'il sera mon gendre malgré vous.

MONTVAL.

Avant que de Julie il puisse être l'époux,
Il trouvera, Monsieur, bien du chemin à faire.

LE MARQUIS.

Il est, & j'en répons, homme à vous satisfaire.

MONTVAL *souriant.*

Je ne le croyois pas.

LE MARQUIS.

Il vous le fera voir.
Je prens congé de vous, & sur cela bon soir.

MONTVAL *prenant le Baron par le bras.*

Allons, venez, Baron, le Marquis se retire.

LE BARON *sortant précipitamment.*

Marquis, attendez-moi, j'ai deux mots à vous dire.

SCENE V.

JULIE, LE COMTE, MONTVAL.

JULIE.

Il faut qu'en un couvent j'aille enfin me cacher :
Je prévois des malheurs que je dois empêcher.
Pour m'ôter au Baron, il faudra le combattre.

MONTVAL *en riant.*

Un homme qui s'enfuit n'est pas prêt à se battre.
J'éprouve sa valeur pour la seconde fois.

JULIE.

Quoi ?

MONTVAL.

Je ne suis pas homme à vanter mes exploits ;
C'est le signe certain d'une fausse vaillance ;
Mais j'ai tantôt ici maté son arrogance,
Et je vous promets bien qu'il n'y reviendra plus.

LE COMTE.

Je ne suis plus surpris s'il étoit si confus,
Si tremblant devant vous : moi-même, avec adresse,
J'avois par un mensonge augmenté sa détresse.
Il vous croit à présent un brutal accompli,
Qui cache ses fureurs sous un dehors poli.
Comme il aime ma sœur beaucoup moins que sa vie,
La peur a refroidi son amoureuse envie.

MONTVAL.

Mais votre pere vient de me donner congé.

LE COMTE.

Ma mere y va mettre ordre, & vous serez vengé,
Ou je me trompe fort : elle est trop en colere
Pour nous laisser long-temps au pouvoir de mon pere ;

Elle fera bien-tôt éclater son courroux ;
Et si la peur le prend, tout parlera pour nous.
En attendant, je veux m'assurer de Clarice.
Comme il faut qu'avec elle enfin je m'éclaircisse,
Je m'en vais lui parler un moment sans témoin.

JULIE.

Mon frere, croyez-moi, ne prenez pas ce soin.

LE COMTE.

Eh pourquoi ; s'il vous plaît ?

JULIE.

J'ai peine à vous le dire.
Ne la revoyez plus ; prenez assez d'empire
Sur vous-même, pour vaincre un penchant malheureux.
Clarice est desormais indigne de vos vœux.

LE COMTE.

Expliquez-vous, ma sœur ; car j'ai peine à vous croire.

JULIE.

Je vais blesser en vous, & l'amour, & la gloire ;
Mais de votre intérêt, mon cœur trop occupé,
Ne peut plus supporter que vous soyez trompé.
Malgré l'attachement que l'on vous fait paroître,
Clarice est infidéle, & Dortiere est un traître.
Déja ma mere & moi, nous l'avions soupçonné :
Des preuves que j'en ai, vous serez étonné.
Tantôt, dans le jardin, j'ai vû passer Dortiere
Vêtu superbement ; & quelques pas derriere,
Clarice le suivoit, puis un moment après
Ils se sont rencontrés : moi, les suivant de près
Derriere la charmille, & sans être aperçûe,
Ni qu'ils pussent tous deux échapper à ma vûe,
J'ai d'abord entendu que mutuellement
Ils se sont assurés qu'ils s'aimoient tendrement,
Que de leurs feux secrets ils feroient un mystere
Jusqu'au retour prochain de Dortiere le pere,
Mais que dès le moment qu'il auroit consenti
A les unir tous deux, ils prendroient le parti

De vous defabufer au moyen d'une lettre
Qu'après leur prompt départ ils vous feroient remettre.
Mille & mille fermens ont fuivi ce difcours;
Puis votre ami perfide en a rompu le cours,
Pour tomber tendrement aux genoux de Clarice,
De cette trahifon intrépide complice;
Et d'accord de leurs faits, tous deux féparément
Ils fe font retirés myftérieufement.

LE COMTE.

De tout autre que vous je prendrois pour menfonge
Ce funefte récit ; mais au fond, plus j'y fonge,
Moins je fuis étonné d'un cruel incident
Que j'aurois dû prévoir, fi j'euffe été prudent :
Les froideurs de Clarice en étoient le préfage.
Quel parti prendre enfin ? Montval, vous êtes fage,
Guidez-moi.

MONTVAL.

Sur le champ mon parti feroit pris.

LE COMTE.

Eh quel eft-il, mon cher ?

MONTVAL.

C'eft celui du mépris.
Affectant d'un grand cœur la noble indifférence,
A rompre pour jamais, bornez votre vengeance.

JULIE.

De deux perfides cœurs peut-on fe venger mieux?
Et... voici le Baron; il a l'air bien joyeux.

MONTVAL.

Je le croyois parti : quel fujet le rappelle ?

SCENE VI.

LE BARON, JULIE, MONTVAL, LE COMTE.

LE BARON *au Comte.*

JE viens vous annoncer une grande nouvelle.
Dortiere est de retour, vous allez le revoir,
Et son pere lui-même arrivera ce soir.
Un contre-ordre est venu pour avertir Dortiere,
Qu'il pouvoit, sur le champ, retourner en arriere,
Parce que le bon-homme a cru qu'un temps si beau
L'invitoit tout-à-coup à revoir son château :
C'est ce qu'en arrivant il m'a dit tout-à-l'heure.
Ce retour vous surprend.

LE COMTE *en souriant.*

Point du tout.

LE BARON.

Que je meure,
Si quand je l'ai revû, je n'ai cru voir Lafleur !
Il vient fort à propos : je connois sa valeur,
Elle est propre, au besoin, à ranimer la mienne,
Et pour m'expliquer mieux, nous attendrons qu'il
    vienne.

MONTVAL *au Baron.*

Je vous avois prié de n'être plus ici.

LE BARON.

Dortiere répondra mieux que moi : le voici
Qui vient avec ma sœur.

SCENE VII.

DORTIERE *en habit de Cavalier*, CLARICE, JULIE, MONTVAL, LE COMTE, LE BARON.

DORTIERE *d'un air riant, au Comte.*

Ayant fû que ton pere
Étoit contre Lafleur vivement en colere,
Je l'ai fait difparoître en arrivant chez toi.
La chofe étoit preffante, & tu m'entens, je croi.

LE COMTE *d'un ton férieux & fier.*

Tu ne te trompes pas, je t'entens à merveille,
Et voici maintenant ce que je te confeille :
Lafleur a difparu, Dortiere fera bien
De difparoître auffi.

DORTIERE.
Pourquoi ?
LE COMTE.
C'eft le moyen
D'éviter un éclat auquel il doit s'attendre,
Et...
DORTIERE.
Je ne t'entens point.
LE COMTE.
Eh bien, tu vas m'entendre.
Clarice, expliquons-nous, ouvrez-moi votre cœur :
Êtes-vous réfolue à faire mon bonheur ?
CLARICE.
Nous verrons.

LE COMTE.
Il est temps de rompre le silence.
Vous semblez balancer.
CLARICE.
Oui vraiment, je balance.
Vôtre pere s'oppose à mon penchant pour vous.
LE COMTE.
Je vous répons de lui.
CLARICE.
Puis-je prendre un époux
Sans appuyer mon goût de l'aveu de mon frere ?
Vous savez comme moi qu'il me tient lieu de pere.
LE COMTE.
Sachons donc son avis.
CLARICE.
Il est ici présent,
Qu'il prononce.
LE COMTE.
Je croi qu'il est trop complaisant
Pour traverser nos vœux ; il m'estime, il vous aime.
MONTVAL.
Et je répons de lui, moi.
DORTIERE *d'un ton ironique.*
Vous, Monsieur ?
MONTVAL *d'un ton fier.*
Moi-même ;
A coup sûr, le Baron ne me dédira pas :
C'est un si galant homme !
LE BARON.
Oui, mais... mon embarras...
MONTVAL *d'un ton haut.*
Comment ?
LE BARON *s'éloignant.*
Dortiere, à moi.

MONTVAL *le retenant.*

　　　　　　　　Quelle terreur panique
Vous saisit ? Permettez que Madame s'explique,
Et promettez-moi bien de confirmer son choix ;
Il sera pour le Comte, ou du moins je le crois.
Monsieur est son ami : je lui rends trop justice
Pour oser soupçonner qu'il excite Clarice
A devenir parjure ; ainsi, dès ce moment,
Vous pouvez devant nous prononcer librement.

　　　　　LE BARON.
Je ne prononce rien, ma sœur est la maîtresse.

　　　　　MONTVAL *à Clarice.*
Madame, décidez.

　　　　　CLARICE.
　　　　Oh, Monsieur, rien ne presse.

　　　　　LE COMTE.
Pardonnez-moi, je veux être instruit de mon sort.

　　　　　CLARICE.
Vous m'impatientez.

　　　　　LE COMTE.
　　　　　Demeurez donc d'accord
Que vous me trahissez, que Dortiere vous aime,
Que vous l'aimez.

　　　　　CLARICE.
　　　Qui peut dire cela ?

　　　　　JULIE.
　　　　　　　　Vous-même.

　　　　　CLARICE.
Moi, je l'ai dit ?

　　　　　JULIE.
　　　　Sans doute, & le fait est certain.
J'étois auprès de vous, lorsque dans le jardin
Vous vous êtes promis une foi mutuelle :
J'en ai fait à mon frere un récit très-fidéle.

DORTIERE.

Eh bien, puisqu'il sait tout, il ne faut rien nier.
Le Comte a pris le soin de me justifier ;
Et comme il a souffert qu'on m'enlevât Julie,
Il m'a donné le droit...

LE COMTE.

Rien ne te justifie.
Ils étoient engagés, & s'aiment constamment ;
Mais vous n'aviez vous deux aucun engagement.

CLARICE.

Ni vous & moi non plus.

LE COMTE.

J'ai tout fait pour vous plaire ;
C'est pour vous obtenir que j'ai trompé mon pere ;
Vous m'avez secondé dans ce lâche projet ;
Pourquoi vous y prêter ?

CLARICE.

Pour un juste sujet.
Je me suis divertie, & j'ai tiré vengeance
D'un vieux fou qui m'a fait une mortelle offense.
C'étoit mon seul objet, puisqu'il faut l'avouer,
Et loin de m'en blâmer, vous devez m'en louer.

LE COMTE.

Mais vous m'avez flatté...

CLARICE.

Je n'y saurois que faire.
Il falloit vous tromper, pour tromper votre pere.

LE COMTE.

Ainsi donc mon ami me trahissoit aussi.
Je devrois m'en venger, mais écoutez ceci.
Le soin que vous prenez de vous faire connoître,
De mon ressentiment doit me rendre le maître.
Allez jouir tous deux de votre trahison,
Je vous méprise trop pour en tirer raison ;
Mais disons-nous adieu pour jamais, je vous prie.

L'ARCHI-MENTEUR.

CLARICE *avec un souris ironique.*

Adieu.

LE BARON *à Dortière.*

Si tu t'en vas, je vais perdre Julie.
Disons un peu deux mots à ce brave Montval.

DORTIERE
donnant la main à Clarice pour sortir.

C'est pour une autre fois.

MONTVAL
le regardant d'un air méprisant.

Vous ne faites pas mal.

SCENE VIII.

JULIE, MONTVAL, LE COMTE, LE BARON.

LE BARON.

Puisqu'il me plante-là, je n'ai plus rien à dire;
Bon soir.

MONTVAL *l'arrêtant.*

Non, demeurez.

LE BARON.

Comme je me retire,
Je vous céde Julie.

MONTVAL.

Un petit mot d'avis.

LE BARON.

De quoi s'agit-il donc?

MONTVAL.

C'est de dire au Marquis
Que vous le conjurez de m'accorder sa fille.
Je vous en prie, au moins,

LE BARON.
La priere est gentille;
Mais s'il ne tient qu'à moi, vous serez très-content,
S'agît-il d'un service encor plus important.
MONTVAL.
Je n'en puis exiger un plus considérable.
LE BARON.
Ma foi, j'en suis ravi, car je vous trouve aimable:
Vous avez des façons qui m'ont gagné le cœur,
Et vous voyez en moi votre humble serviteur.
Touchez-là, s'il vous plaît.
MONTVAL.
Mais êtes-vous sincere?
LE BARON.
Diable, si je le suis...
MONTVAL *lui présentant la main.*
Touchez donc.

SCENE IX.

LE MARQUIS, JULIE, MONTVAL, LE COMTE, LE BARON.

LE COMTE *se jettant aux pieds du Marquis.*

AH! mon pere;
Souffrez qu'un fils confus embrasse vos genoux,
Je me suis écarté de mon respect pour vous,
En faisant cet aveu, je promets & je jure
De ne vous plus tromper par la moindre imposture.
LE MARQUIS.
Vous m'avez trompé! vous?
LE COMTE.
J'en suis au desespoir.

J'ai cru me rendre heureux en manquant au devoir.
LE MARQUIS.
Eh comment, s'il vous plaît ?
LE COMTE.
Entêté de Clarice,
J'ai voulu l'acquerir à force d'artifice.
C'est pour me l'assurer que j'ai tout hasardé ;
Mais par malice pure elle m'a secondé.
Pour se jouer de vous, ainsi que de son frere,
Elle a changé d'habit, de ton, de caractere :
Clarice étoit Fanchon, Dortiere étoit Lafleur.
Leur malice s'est plue à causer votre erreur.
Mais si trop aveuglé par mon amour extrême,
J'ai tâché d'appuyer leur subtil stratagême,
A vous venger de moi tous deux ont réussi :
En vous trompant, mon pere, ils me trompoient aussi ;
Ils s'aimoient en secret, la preuve en est trop sûre,
Et de votre maison je viens de les exclure.
Le Baron est témoin de nos derniers adieux :
Nous nous sommes tous trois éclaircis à ses yeux.
LE MARQUIS.
Quoi, traître, impertinent, impudent, téméraire...
LE COMTE.
Mon pere, au nom du Ciel, calmez votre colere.
L'Amour a fait mon crime, il doit tout excuser.
LE MARQUIS.
Dans le fond, j'en conviens ; mais peut-on abuser
Un pere à cet excès ? Osiez-vous sans scrupule,
Avec un front d'airain, me rendre ridicule ?
LE BARON.
Et moi donc ?
LE COMTE.
Si j'ai tort, accusez-en l'Amour ;
C'est lui qui m'inspiroit.
LE MARQUIS.
Il m'a fait un beau tour.

Je lui suis obligé de ses fines manœuvres;
Mais la fin dignement a couronné vos œuvres,
Et je suis enchanté que l'on vous ait trahi.
Vous aimiez comme un sot, & vous êtes haï;
Je suis vengé.

LE COMTE.

Que trop.

LE MARQUIS.

Ah, maudite vipere!
Tu t'es plue à jouer & le fils & le pere.

LE BARON.

Et le frere, morbleu, l'a-t-elle épargné?

LE MARQUIS.

Non;
Vous en tenez aussi, redoutable Baron.
De rire à nos dépens, on a belle matiere.
Morbleu, j'en veux sur-tout à ce chien de Dortiere.
Quel tour il m'a joué!

LE BARON.

Je vous en vengerai,
Et je vous promets bien que je le chasserai.

LE MARQUIS.

Vous m'obligerez fort. Quel tour! j'en meurs de honte.

LE BARON.

Il n'aura point ma sœur, & je la donne au Comte.

LE COMTE.

Et moi je n'en veux plus.

LE MARQUIS.

Il prévient mon avis
Par ce noble dépit. Vous faites bien, mon fils,
Vous êtes généreux... Morbleu, voici ma femme,
Qui me paroit d'humeur à me chanter ma gamme.

SCENE

SCENE X.

LA MARQUISE, LE MARQUIS, JULIE, MONTVAL, LE COMTE, LE BARON.

LA MARQUISE.

Votre femme, Monsieur ? Ah ! Clarice ou Fanchon
Méritent mieux ce titre, & je leur en fais don ;
Elles ont mille attraits, moi je suis vieille, usée,
Et par mille raisons haïe & méprisée.
Monsieur, voici les clefs de mon appartement
Et de mon cabinet ; je pars dans le moment,
Et je vous laisse tout, jusqu'à notre partage.
Adieu, mes chers enfans. Soyez toujours bien sage,
Ma fille, & persistez en faveur de Montval.
Desobéir pour lui, ce n'est pas un grand mal.
Si l'on veut vous punir de votre résistance,
Je vous soutiendrai, moi, de toute ma puissance.
Mon fils, je vous attends dans huit jours à Paris.
  [*au Marquis.*]
Prenez votre parti, car voilà le mien pris ;
Adieu.

JULIE *l'arrêtant, se jette à ses pieds.*

Vous me jettez dans d'horribles alarmes :
Ma mere, au nom du Ciel, rendez-vous à mes larmes ;
Sauvez-vous, sauvez-nous un éclat si honteux.

LE COMTE.

Madame, voulez-vous nous rendre malheureux ?
Verrons-nous séparer deux personnes si cheres ?
C'est-là nous perdre tous pour des causes légeres.

LA MARQUISE.

Légeres ? Juste Ciel ! puis-je les oublier ?

Tome X.   Z

LE COMTE.

Il le faut, & je veux vous réconcilier.
Je vous prie à genoux de ne m'en pas dédire.
Mon pere est pénétré, je l'entends qui soupire,
Et son silence même exprime sa douleur.
Pour n'y pas compatir, vous avez trop bon cœur.
Je vois que malgré vous, vous êtes attendrie.
[*se levant brusquement.*]
Mon pere, donnez-moi cette main, je vous prie.
[*à la Marquise.*]
La vôtre, s'il vous plait. Joignez-les toutes deux.
[*il les fait embrasser.*]
Embrassez-vous. Je suis au comble de mes vœux.

LA MARQUISE *à son mari.*

Mais au moins, dites-moi, sentez-vous votre faute?
Vous en repentez-vous?

LE MARQUIS *sanglottant.*

Je déclare à voix haute,
Que je suis un vieux fou. Recevez-donc ma foi,
Que vous n'aurez plus lieu de vous plaindre de moi.
Baron, comme je suis guéri de ma folie ;
Touchez-là, mon ami, vous n'aurez point Julie.

LE BARON.

Grand merci, mon voisin.

LE MARQUIS.

Je la donne à Montval.

LE BARON.

C'est bien fait ; je la céde à mon brave rival.
Contre lui j'ai voulu signaler ma vaillance,
Mais il l'a fait d'abord tomber en défaillance ;
Et comme il a sur elle un peu trop d'ascendant,
N'étant pas le plus fort, je suis le plus prudent.
[*Il sort.*]

L'ARCHI-MENTEUR.

SCENE DERNIERE.

LE MARQUIS, LA MARQUISE, JULIE
MONTVAL, LE COMTE.

LE MARQUIS *au Comte.*
Mon fils, tu m'as joué cent tours de passe-passe,
Mais enfin ton bon cœur doit m'arracher ta grace,
Et j'en suis si touché, que je veux desormais,
Autant que je pourrai, remplir tous tes souhaits.
Veux-tu Clarice encor?
      LE COMTE.
              Je la hais, je l'abhorre.
     MONTVAL *au Comte.*
Acceptez-donc ma sœur.
      LE MARQUIS.
            Cette offre nous honore.
      MONTVAL.
Elle est sage, assez belle, & sera riche un jour.
    LA MARQUISE *au Comte.*
Et vous irez demain lui faire votre cour.
Elle est à vous, mon fils, si vous savez lui plaire.
     MONTVAL *au Comte.*
J'en répons : vous serez doublement mon beau-frere.
      LE MARQUIS.
J'y consens volontiers. Allons tout de ce pas,
Pour cimenter la paix, dresser les deux contrats.
    [*à la Marquise.*]
Sommes-nous bons amis?
      LA MARQUISE.
           Si vous devenez sage.
      LE MARQUIS.
On le devient trop tôt, quand on est à mon âge.

[*au Comte.*]

J'étois votre rival, vous en êtes vengé,
Et, grace à vos bons tours, me voilà corrigé.
J'excuse de bon cœur toutes vos fourberies.

LE COMTE.

Et moi je suis honteux de tant de menteries.
J'ai lieu de m'applaudir de leurs heureux effets :
Votre réunion va combler mes souhaits ;
Mais un bien n'est pas pur quand sa cause est blâmable ;
Et je sens qu'un menteur est toujours méprisable.

FIN.

DISCOURS
ACADÉMIQUES.

DISCOURS (*)

Prononcé le 25. Août 1723. par M. NÉRICAULT DESTOUCHES, *lorsqu'il fut reçû à la place de M.* CAMPISTRON.

MESSIEURS,

JE me trouve aujourd'hui dans la situation à laquelle tous les hommes aspirent, & ne parviennent presque jamais;

(*) L'Académie Françoise ayant remis la réception de M. NÉRICAULT DESTOUCHES au jour de Saint Louis de l'année 1723, pour rendre encore plus solemnelle la distribution de ses prix, & s'étant rendue au Louvre avec un très-grand nombre de gens de qualité & de mérite, que la curiosité y avoit attirés, M. NÉRICAULT DESTOUCHES, qu'on recevoit à la place de feu M. CAMPISTRON, prononça ce Discours.

je suis au comble de mes vœux, car il faut vous l'avouer hardiment, l'honneur d'occuper une place dans cette illustre Académie, a toujours été le plus vif objet de mon ambition. Je vous dirai plus, MESSIEURS, je n'ai jamais désespéré de la voir satisfaire. Quelle témérité ! N'en serez-vous point offensés ? Que j'aurois lieu de le craindre, si vos suffrages ne me rassuroient pas ! Je les ai demandés avec ardeur : vous vous êtes rendus à mon empressement, ainsi vous me justifiez vous-mêmes auprès de vous; c'est à moi de vous justifier auprès du Public.

Que ne ferai-je point pour y réussir; & de quelles espérances ne puis-je point me flatter, assuré désormais de votre secours, guidé par votre exemple & par vos lumieres, & plus que jamais animé par l'émulation !

Possesseurs de tous les talens divers, qui mettent l'esprit & l'érudition dans leur plus beau jour, vous pouvez les communiquer à vos Éléves qui ne les possédent pas encore, ou les perfectionner dans ceux qui les possédent.

Quel bonheur n'est-ce donc point pour moi, d'entrer aujourd'hui dans une Compagnie si célébre, qu'elle couvre de ses lauriers immortels tous les Sujets associés à ses travaux ?

Vous voyez, MESSIEURS, que je sens tout le prix de la grace que vous me faites ; il s'agit de vous en témoigner ma reconnoissance, soyez sûrs qu'elle éclatera toute ma vie. Et de quelle maniere ? en aspirant toute ma vie à me rendre digne de cette grace. Je ne vous promets pas des succès heureux, mais je vous promets des efforts continuels.

J'apporte ici une parfaite vénération pour vous, un desir ardent de profiter de vos lumieres, la noble ambition de contribuer à votre gloire ; c'est tout ce que je puis vous offrir pour vous dédommager de la perte de mon Prédécesseur.

Si vous me comparez avec lui, vos regrets vont se renouveller : cependant vous attendez de moi son éloge ; & plus cet éloge sera digne de lui, plus je travaillerai contre moi-même.

Cette réflexion devroit m'alarmer, mais elle ne m'empêchera point de rendre à M. Campistron toute la justice que je lui dois.

Non, Messieurs, je ne dissimulerai point qu'il s'étoit rendu célèbre avant que de parvenir à voir ses travaux couronnés à l'Académie ; que quoiqu'elle mette le comble aux honneurs des plus grands hommes, il s'étoit acquis des honneurs immortels, en osant courir la vaste & périlleuse carriere où les Corneilles & les Racines s'étoient surchargés de lauriers.

Eh, dans quel temps encore entreprit-il de marcher sur les traces de ces hommes si renommés ? Lorsque nous étions tout remplis de leurs chef-d'œuvres ; lorsque nous ne nous lassions point de voir, d'applaudir, d'admirer les uns, de nous laisser toucher, attendrir, enlever par les autres ; lorsque justement prévenus en faveur des grands Maîtres qui les avoient produits, nous désespérions qu'il s'élevât jamais sur la Scéne françoise aucun génie digne d'avoir part au tribut de louanges que nous nous étions engagés de leur payer sans cesse.

Cependant, MESSIEURS, mon illustre Prédécesseur prétendit partager avec eux les applaudissemens, & il sut obtenir ce partage glorieux, en dépit de la critique & de l'envie.

Après Cinna, Pompée & Rodogune, après Andromaque, Iphigénie & Phédre, on vit avec plaisir Tiridate, Andronic, Alcibiade; on les voit, on les admire encore aujourd'hui ; & ces derniers héros jouiront de l'immortalité, à la suite de ceux à qui Corneille & Racine l'avoient assurée.

Mais jusqu'où m'emporte ma sincérité ? Ne va-t-elle point produire l'effet que je craignois ? Vous faire encore mieux sentir la perte que vous faites, & les foibles ressources que je vous apporte pour la réparer.

Rassurez-vous sur mon sujet, Messieurs, en vous rappellant ce que je viens de vous dire : vos secours me fortifieront, & l'émulation achevera ce que vos secours auront préparé. Je vois parmi vous tout ce qui peut l'exciter, & je sens déja qu'elle me transporte si vivement, qu'elle saura m'élever au-dessus de moi-même : c'est l'effet qu'elle produit toujours sur les esprits & sur les courages qu'elle anime.

Qu'un homme descendu d'illustres ayeux brûle du desir de leur ressembler, il n'envisage point leurs actions héroïques comme un objet qui doive le décourager, ou qui puisse exciter sa jalousie ; au contraire, elles l'élévent, elles l'animent, elles l'enflamment, & après lui avoir servi de modéle & de guide, elles le portent jusqu'au point d'en faire de pareilles, quelquefois même de plus admirables. Si Philippe n'eût pas étendu si loin ses conquêtes, Alexandre n'eût jamais entrepris la conquête de l'Univers.

N'en est-il pas des hommes de Lettres comme des héros ? L'amour de la gloire ne les transporte-t-il pas ? Les uns veulent conquérir des Provinces & des Royaumes, les autres veulent s'emparer de tous les suffrages : l'émulation les anime tous également ; elle éléve d'autant plus leurs cœurs & leurs esprits, que leurs prédécesseurs se sont élevés au-dessus des autres hommes. Quelque objet que puisse avoir l'émulation, elle est la source, elle est l'ame des succès : nous lui devons les plus grands hommes & la perfection des plus beaux arts. Mais votre établissement n'est-il pas le chef-d'œuvre de l'émulation ? Ce fut elle qui fut inspirer au fameux Cardinal DE RICHELIEU le dessein de former cette illustre Académie. Pour nous en convaincre, MESSIEURS, il suffit de rappeller ici les premiers traits de votre histoire.

Ce grand Ministre, dont le vaste génie embrassoit tout, saisissoit tout, prévoyoit tout, apprit avec des transports de joie, qu'un nombre choisi d'illustres amis, que vous regardez ici comme vos premiers ancêtres, formoient entr'eux cette aimable & utile Société, appellée par votre Historien l'âge d'or de l'Académie ; qu'ils s'assembloient pour se communiquer leurs ouvrages, pour se consulter, pour se corriger mutuellement ; qu'enfin ils avoient pour objet de porter notre goût & notre Langue à leur point de perfection.

Il prévit quels effets, ou plûtôt quelles merveilles on devoit attendre d'un si doux commerce d'esprit, de bon goût & d'érudition, & il ne laissa point échapper cette heureuse occasion de signaler son zéle pour la gloire d'un État que sa politique profonde, ses vûes élevées, sa fermeté, son courage, sa dextérité, son expérience, maîtresse des événemens, avoient rendu si puissant & si redoutable.

Un génie médiocre eût dédaigné de suspendre ses graves occupations, pour jetter un instant les yeux sur cette Académie naissante : il eût cru dégrader l'homme d'État, en le faisant descendre jusqu'aux hommes de Lettres ; mais ARMAND, le grand ARMAND, qui ne pouvoit méconnoître la véritable gloire, sentit d'abord qu'il s'alloit couvrir d'une gloire immortelle, s'il protégeoit ceux qui en sont les dispensateurs.

Mécène, si souvent, si délicatement célébré par les plus beaux esprits du fameux siécle d'Auguste, lui parut un modéle digne d'être imité. L'émulation le rendit un nouveau MÉCÈNE ; & si celui de Rome est entré le premier dans le Temple de Mémoire, celui de la France y occupe une place encore plus glorieuse, que la juste reconnoissance de vos Prédécesseurs, & que la vôtre, qui ne se lasse jamais d'éclater, lui ont consacrée pour tous les siécles.

Peu content d'avoir médité, formé, affermi votre établissement, il vouloit le rendre aussi utile à l'Académie, qu'il le trouvoit utile à la France. Instruit qu'il étoit par mille exemples anciens & nouveaux, que les Muses dédaignent de courir après la Fortune, & qu'elle se fait un plaisir cruel de les punir de leurs mépris, il se proposoit enfin de les reconcilier, & de fixer la Fortune dans le sanctuaire des Muses.

La mort prévint l'exécution d'un projet si glorieux & si nouveau, conçu par un homme extraordinaire, qui n'imaginoit rien qu'il n'exécutât, & qui n'exécutoit rien que de merveilleux.

Quelle perte pour l'Académie, que celle d'un pareil Fondateur! Elle crut qu'elle périssoit avec lui; mais elle ne prévoyoit pas ses grandes destinées.

Eh, quel heureux présage ne fut-ce point pour elle dans les premiers mouvemens de sa douleur, que de voir un Chancelier de France, dont la mémoire vous sera toujours précieuse, faire ses soins les plus doux & les plus importans de rassurer, de recueillir ce Corps si célébre, que le plus grand Ministre qui eût paru jusqu'alors avoit jugé digne de sa tendresse & de sa protection? Le chef de la Justice devint le chef de l'Académie. Quel effet glorieux pour les Belles-Lettres produisit alors l'émulation ?

Car il n'est pas possible d'en douter, MESSIEURS, ce fut l'exemple du Cardinal DE RICHELIEU qui sut vous procurer un protecteur si vénérable ; ce fut l'ambition d'imiter ce grand homme qui fit naître un second Fondateur.

Eh, pouvoit-on s'écarter des sentiers qui conduisent à la gloire, en suivant ceux qu'il avoit tracés avec tant de succès ? N'étoit-ce pas au contraire se rendre immortel, que de faire ce qui devoit éterniser sa mémoire ? LOUIS LE GRAND en fut bien persuadé.

Ce Prince, qui saisissoit avec avidité tous les moyens d'égaler, d'effacer même les héros les plus renommés, ne crut pas avoir suffisamment assuré sa gloire par les conquêtes les plus glorieuses & les plus rapides. Elles le rendoient, à la vérité, aussi fameux qu'Alexandre & que César ; mais le titre de grand Conquérant ne remplissoit point son ambition, il eut celle d'être un second Titus, &

il devint les délices du Monde.

Ce ne fut point assez pour lui. L'exemple d'Auguste parmi les Romains, celui de François I.er parmi ses prédécesseurs, l'enflammerent de nouveaux desirs.

Le premier avoit honoré de ses bienfaits, de son affection, de sa familiarité, les beaux esprits qui se distinguerent sous son empire.

Le second s'étoit acquis à très-juste titre celui de pere & de restaurateur des Belles-Lettres. Quels modéles à imiter, auroit dit un grand Prince ! Quels modéles à surpasser, dit LOUIS LE GRAND !

En effet, MESSIEURS, il les surpassa. Je ne puis rien dire sur ce sujet, que l'Univers ne doive attester. LOUIS ne se borna point à répandre ses graces sur les Savans, sur les beaux esprits qui se rendirent célébres dans la vaste étendue de son empire ; ses bienfaits allerent les chercher, les prévenir, les surprendre dans tous les États de l'Europe, au milieu même de ses ennemis. Et pour prouver d'une maniere encore plus senfible, qu'il regardoit les Sciences & les Belles-Lettres comme un objet digne de toute son estime, il se mit à la tête de ceux qui les cultivoient avec le plus de succès & de gloire pour son État ; il se déclara le Protecteur de l'Académie.

C'est ici, Messieurs, que la voix & la force me manquent, pour célébrer dignement cette glorieuse époque ; mais disons tout en peu de paroles. LOUIS, en vous élevant au comble de la gloire, ne travailla jamais mieux pour la sienne. Votre reconnoissance n'aura de bornes que celle des siécles : tant qu'ils dureront, cet asyle qu'il a consacré aux Muses & à leurs plus chers nourrissons dans son propre Palais, retentira des éloges magnifiques de ce grand Monarque. Vous vous en êtes imposé la loi. Quel gage plus infaillible pouviez-vous lui donner de l'immortalité ?

Mais voyez, Messieurs, de quels effets glorieux ce que LOUIS LE GRAND a daigné faire pour vous doit être suivi desormais. Tous les grands Princes que le Ciel fera naître pour nous gouverner, tous les grands Ministres qui seront les dispensateurs de leurs graces, se croiront engagés à vous protéger & à vous chérir. Après l'exemple de LOUIS, fiez-vous en à l'émulation.

Noble émulation, dont il n'y a que les grands cœurs qui soient susceptibles, c'est à vous que nous sommes redevables de ce merveilleux assemblage de talens supérieurs, de qualités éminentes, de connoissances profondes & universelles, de royales vertus, que nous admirons de plus en plus dans le Prince qui vient de donner à l'Univers un spectacle étonnant, que l'histoire de notre Monarchie ne fournit point ; celui d'une Régence heureuse & paisible, qui, par les ressorts secrets & imperceptibles d'une politique aussi nouvelle qu'admirable, a réuni tous les Princes, tous les États, toutes les Nations en faveur de la France ; qui a étouffé les sémences de haines, de jalousies &

de divisions; qui, conciliant les intérêts les plus opposés, semble avoir fait des principales Puissances de l'Europe, une seule Puissance, un seul État, un seul intérêt; enfin, qui a établi notre repos intérieur & notre union avec nos voisins, sur des fondemens qui paroissent si durables, que nous pouvons nous promettre des jours aussi tranquilles que ceux dont les Poëtes ont tissu le siécle d'or.

Eh, pourquoi ne nous flatterions-nous pas d'un bonheur si desirable ? Tout nous l'annonce. PHILIPPE prépare à notre jeune Monarque un régne si parfait, qu'il sera le modéle des régnes à venir.

Nous devons l'attendre, & nous l'attendons en effet, ce régne qui mettra le comble au bonheur de vos peuples, Prince aimable, dont la seule présence enléve tous les cœurs, & dont la sagesse prématurée perce au travers des nobles amusemens de votre jeunesse. Déja l'on voit reluire en vous les beaux effets de l'émulation que vous inspirent les actions immortelles de vos fameux Prédéceſſeurs : les plus grands d'entr'eux vont revivre dans votre Perſonne auguſte. Mais à quelque degré de gloire que vous conduiſe la juſte ambition d'être encore plus grand qu'ils ne l'ont été, vous n'irez jamais plus loin que les vœux ardens que nous formons pour vous, & que les hautes eſpérances que vous nous faites concevoir.

RÉPONSE

De M. DE FONTENELLE, *Directeur de l'Académie, au Discours prononcé par M.* DESTOUCHES *le jour de sa réception.*

MONSIEUR,

On sait assez que l'Académie Françoise n'affecte point de remplacer un Orateur par un Orateur, ni un Poëte par un Poëte ; il lui suffit que des talens succédent à des talens, & que le même fonds de mérite subsiste dans la Compagnie, quoique formé de différens assemblages. Si cependant il se trouve quelquefois plus de conformité dans les successions, c'est un agrément de plus que nous recevons avec plaisir des mains de la Fortune. Nous avons perdu M. Campistron, illustre dans le genre Dramatique, nous retrouvons en vous un Auteur revêtu du même éclat. Tous deux vous avez joui de ces succès si flatteurs du Théatre, où la louange ne passe point lentement de bouche en bouche, mais fort impétueusement de toutes les bouches à la fois, & où souvent même les transports de toute une grande Assemblée prennent la place de la louange interdite à la vivacité de l'émotion.

Il est vrai que votre théatre n'a pas été le même que celui de votre Prédécesseur. Il s'étoit donné à la Muse tragique, & quoiqu'il ne soit venu qu'après des hommes qui avoient porté la Tragédie au plus haut degré de perfection, & qui avoient été l'honneur de leur siécle à un point qu'ils devoient être aussi le desespoir éternel des siécles suivans, il a été souvent honoré d'un aussi grand nombre d'acclamations, & a recueilli

autant

autant de larmes. On voit assez d'ouvrages qui ayant paru sur le théatre avec quelque éclat, ne s'y maintiennent pas dans la suite des temps, & ausquels le Public semble n'avoir fait d'abord un accueil favorable qu'à condition qu'il ne les reverroit plus; mais ceux de M. Campistron se conservent en possession de leurs premiers honneurs: son Alcibiade, son Andronic, son Tiridate, vivent toujours, & à chaque fois qu'ils paroissent, les applaudissemens se renouvellent, & ratifient ceux qu'on avoit donnés à leur naissance. Non, les campagnes où se moissonnent les lauriers, n'ont pas encore été entiérement dépouillées; non, tout ne nous a pas été enlevé par nos admirables Ancêtres : & à l'égard du théatre en particulier, pourrions-nous le croire épuisé dans le temps même où un ouvrage * sorti de cette Académie, brillant d'une nouvelle sorte de beauté, passe les bornes ordinaires des grands succès & de l'ambition des Poëtes,

* Inès de Castro, par M. de la Motte.

Pour vous, Monsieur, vous vous êtes renfermé dans le Comique, auſſi difficile à manier, & peut-être plus que le Tragique ne l'eſt avec toute ſon élévation, toute ſa force, tout ſon ſublime. L'ame ne ſeroit-elle point plus ſuſceptible des agitations violentes, que des mouvemens doux ? Ne ſeroit-il point plus aiſé de la tranſporter loin de ſon aſſiette naturelle, que de l'amuſer avec plaiſir en l'y laiſſant ? de l'enchanter par des objets nouveaux & revêtus de merveilleux, que de lui rendre nouveaux des objets familiers ? Quoi qu'il en ſoit de cette eſpéce de différend entre le Tragique & le Comique, du moins la plus difficile eſpéce de Comique eſt celle où votre génie vous a conduit, celle qui n'eſt comique que pour la raiſon, qui ne cherche point à exciter baſſement un rire immodéré dans une multitude groſſiere, mais qui éléve cette multitude preſque malgré elle-même à rire finement & avec eſprit. Qui eſt celui qui n'a pas ſenti dans le Curieux Impertinent, dans l'Irréfolu, dans le Médifant*, le beau choix des caractéres, ou plûtôt le talent de trouver encore des caractéres ? la justesse du Dialogue, qui fait qu'on se parle & qu'on se répond, & que chaque chose se dit à sa place, beauté plus rare qu'on ne pense ? la noblesse & l'élégance de la versification, cachées sous toutes les apparences nécessaires du style familier ?

De là vient que vos Piéces se lisent, & cette louange si simple n'est pourtant pas fort commune. Il s'en faut bien que tout ce qu'on a applaudi au théatre, on le puisse lire.

Combien de Piéces fardées par la représentation ont ébloui les yeux du Spectateur, & dépouillées de cette parure étrangere n'ont pû soutenir ceux du Lecteur ! Les ouvrages Dramatiques ont deux Tribunaux à essuyer très-différens, quoique composés des mêmes Juges, tous deux également redoutables,

---

* L'Auteur n'avoit point encore mis au théatre les autres Piéces qui ont suivi celles dont on parle ici.

l'un parce qu'il est trop tumultueux, l'autre parce qu'il est trop tranquille; & un ouvrage n'est pleinement assuré de sa gloire, que quand le Tribunal tranquille a confirmé le jugement favorable du tumultueux.

La réputation que vous deviez aux Muses, Monsieur, vous a enlevé à elles pour quelque temps. Le Public vous a vû avec regret passer à d'autres occupations plus élevées, à des affaires d'Etat, dont il auroit volontiers chargé quelque autre moins nécessaire à ses plaisirs. Toute votre conduite en Angleterre, où les intérêts de la France vous étoient confiés, a bien vengé l'honneur du génie poëtique, qu'une opinion assez commune condamne à se renfermer dans la Poësie. Eh, pourquoi veut-on que ce génie soit si frivole? Ses objets sont sans doute moins importans que des traités entre des Couronnes; mais une Piéce de théatre qui ne sera que l'amusement du Public, demande peut-être des réflexions plus profondes, plus de connoissance des hommes & de leurs passions, plus d'art de combiner & de concilier des choses opposées, qu'un traité qui fera la destinée des Nations. Quelques gens de Lettres sont incapables de ce qu'on appelle les affaires sérieuses, j'en conviens ; mais il y en a qui les fuient sans en être incapables, encore plus qui sans les fuir & sans en être incapables, ne se sont tournés du côté des Lettres que faute d'une autre matiere à exercer leurs talens. Les Lettres sont l'asyle d'une infinité de talens oisifs & abandonnés par la Fortune, ils ne font guére alors que parer, qu'embellir la Société ; mais on peut les obliger à la servir plus utilement, ces ornemens deviendront des appuis. C'est ainsi que pensoit le Cardinal DE RICHELIEU notre Fondateur, c'est ainsi qu'a pensé à votre sujet celui qui commençoit à le remplacer à la France, & que la France & l'Académie viennent de perdre.

Venez parmi nous, MONSIEUR, libre des occupations politiques, & rendu à vos premiers goûts ; je suis en droit de vous dire, sans craindre aucun reproche de présomption, que notre commerce vous sera utile. Les plus grands hommes ont été ici, & n'en sont devenus que plus grands. L'Académie a été en même temps une récompense de la gloire acquise, & un moyen de l'augmenter. Vous en devez être plus persuadé que personne, vous qui savez si bien quel est le pouvoir de la noble émulation.

RÉPONSE

De M. DESTOUCHES, Directeur de l'Académie Françoise, au Discours de M. l'Abbé DE SAINT-CYR, qui fut reçu à l'Académie le samedi 10 mars 1742, à la place de M. le Cardinal DE POLIGNAC.

MONSIEUR,

JUSQU'A présent l'Académie n'a fait aucunes pertes, sans avoir eu de justes motifs de les déplorer. Quelquefois même elle y est d'autant plus sensible, que n'ayant pas encore fixé ses regards sur ce qui peut la consoler, elle n'ose se flatter d'être assez heureuse pour retrouver ce qu'elle regrette.

Il n'est que trop facile de se représenter la douleur & les alarmes qui l'ont agitée, lorsqu'elle a perdu votre Prédécesseur; & tous les hommes qui se font une gloire & même un devoir de rendre au mérite sublime toute la justice qui lui est dûe, ne balanceront pas à dire avec nous aujourd'hui, que jamais homme ne mérita, ni plus de regrets, ni plus d'encens, ni plus de monumens pompeux érigés à sa gloire, que l'homme illustre auquel vous succédez.

Ce n'est donc point ici l'exorde d'un éloge enfanté par la coutume, & par la seule nécessité de remplir les fonctions d'une dignité trop glorieuse pour moi, dont le Sort aveugle a voulu m'honorer.

On ne pourra point dire que je tâche à m'attirer des louanges, en prodiguant à la médiocrité ces ornemens fastueux, flatteurs & séduisans, qui la représentent comme un objet d'admiration; pénible effort d'une éloquence fardée, qui ne peut avoir que des succès honteux, & qui révolte la justice & la vérité.

J'ai cueilli, j'ai ramassé des fleurs, mais des fleurs simples & naturelles, pour les répandre en soupirant sur le tombeau d'un grand homme, grand homme aux yeux de la Compagnie qui vous adopte, aux yeux du Peuple, des Grands & de la Cour, aux yeux de tant de diverses Nations qui l'ont connu, & qui ne l'ont connu que pour l'admirer.

La vérité, la seule vérité sans doute devroit m'inspirer le plus magnifique éloge ; & sans rechercher d'autres appuis, d'autres ornemens qu'elle-même, elle pourroit aisément le rendre digne, & de celui qui en est le sujet, & de ce nombreux concours d'Auditeurs respectables, si le Sort eût voulu prendre le soin de la feconder, en lui procurant un plus digne Interpréte.

Heureusement pour elle, & bien plus heureusement encore pour l'illustre Académicien que nous pleurons, vous venez de faire l'usage le plus heureux des traits admirables qu'elle vous a fournis, & mon bonheur ne seroit pas médiocre, s'il m'étoit possible d'ajouter le même éclat à tant d'autres traits qu'elle va me suggérer.

Mais quelle ambition me porte à former ces vœux ? Qu'ai-je besoin du secours de l'art sur une matiere si riche & si belle ? Parler du Cardinal de Polignac, n'est-ce pas mériter d'être écouté ? Raconter simplement son histoire, n'est-ce pas faire dignement son éloge ?

Eh, qui se lasseroit d'entendre parler d'un des plus grands Personnages que la France ait produits ! d'un homme vraiment universel ! d'un homme orné de tous les talens les plus solides & les plus brillans, & dont un seul, assaisonné du sel délicat & des graces charmantes dont il les relevoit tous, auroit suffi pour faire un grand homme !

En effet, que lui restoit-il à desirer ? Que pouvoit-on desirer en lui ? Naissance illustre, port majestueux, gracieux maintien, physionomie noble & heureuse, air imposant, accueil flatteur, grand esprit, bel esprit, esprit sublime, connoissances diverses & profondes, habitude de s'exprimer juste & sur le champ sur toute sorte de sujets, goût sûr, éclairé, délicat, éloquence naturelle, aisée, victorieuse ; adresse, sagacité, discrétion à l'épreuve d'un feu véhément ; art de sonder, de discerner, de pénétrer les génies, de se prévaloir de ces subtiles découvertes, pour s'insinuer imperceptiblement dans les secrets les plus cachés & les plus profonds, d'écarter, de ramener, de diviser, de réunir les esprits, de se transformer en eux pour s'en emparer ; que dis-je ? de toucher, d'entraîner les cœurs même de ceux qui se tenoient en garde contre ses lumieres, & qui redoutoient sa supériorité, de rendre aisées les affaires les plus épineuses, de les entamer, de les conduire, de les amener à ses fins, d'un air simple, gracieux, naturel, écartant ces apparences mystérieuses qu'affectent les Ministres vulgaires, qui pour se faire regarder comme des hommes expérimentés, éminens, comme des négociateurs subtils, impénétrables, n'ont point d'autre science que celle de faire naître les défiances, que celle de multiplier les obstacles, au lieu de les éloigner, de les applanir, de les vaincre par cet art conciliant sous qui l'art se cache, & que votre illustre Prédécesseur initié dans tous les myſtéres du cœur humain, a si souvent & si heureusement mis en œuvre.

Eh, comment résister aux puiſſans efforts d'un génie si fertile & si varié ? à ces dehors ouverts & prévenans ? à ces discours touchans & pathétiques ? à ces expreſſions tantôt claires & préciſes, tantôt circonspectes & ménagées ? à cette abondance de moyens & d'expédiens ? à ces insinuations adroites & preſſantes ? à cette fermeté mâle & vigoureuse dont il s'armoit contre la hauteur & la dureté ? enfin à cette admirable facilité de se prêter & de plier, de menacer & de foudroyer, de s'adoucir & de se rendre, toujours à propos, toujours de concert avec la prudence, maîtreſſe absolue de tous ses mouvemens, guide infaillible de toutes ses démarches ? Grand Dieu, quel homme nous avons perdu ! quel homme l'Etat doit regretter avec nous !

Je ne crains point qu'on reçoive cet éloge comme un pur assemblage de traits recherchés, de talens artistement assortis pour imprimer l'idée d'un homme accompli, & sur-tout d'un parfait Négociateur. Je trace un portrait fidéle, dont l'unique mérite est la ressemblance ; perfection qu'un Peintre médiocre peut acquerir, sans atteindre à ces traits hardis, à ce coloris merveilleux, qui caractérisent les grands maîtres. Il suffira donc pour exciter l'admiration & les regrets, juste & glorieux tribut que l'Envie même n'ose refuser aux grand hommes que la mort ravit ; il suffira pour inspirer une noble émulation, & pour servir de modéle à ces hommes heureusement nés, qui peuvent aspirer à réunir tant de précieux dons, & à les consacrer au service de l'Etat.

France, toujours si féconde en grands

Personnages, loin de perdre de vûe un si beau modéle, prens soin de l'offrir sans cesse à ces dignes Eléves que le Ciel, prodigue en miracles pour ta gloire & pour ton bonheur, destine à soutenir tes intérêts dans des Cours étrangeres, à t'assurer une paix nécessaire, ou à préparer une guerre juste, à déconcerter & à desarmer tes ennemis secrets ou déclarés, ou à convaincre des Puissances qui redoutent la tienne, qu'elle peut être le plus ferme appui de leur repos & de leur prospérité, le plus puissant soûtien de leurs droits & de leurs prétentions, & le plus sûr garant de leurs héritages & de leurs conquêtes.

Souviens-toi que pour te rendre de plus en plus aussi redoutable par les négociations que par les armes, au lieu qu'autrefois la lenteur des traités ravissoit à ton impatience les rapides conquêtes que tu devois à ta valeur intrépide; souviens-toi que tu dois élever précieusement dans ton sein, & distinguer par les honneurs & les récompenses, des hommes capables de marcher sur les traces de l'excellent homme que tu viens de perdre.

Pour les guider, pour les enhardir dans la pénible & vaste carriére où la force & la dextérité de son génie auroient remporté de continuelles victoires, si les talens les plus sublimes étoient toujours les plus heureux, fais-leur souvent un fidéle récit de ses rapides & glorieux succès en Pologne, noble & brillant essor d'un génie hardi, vif, ardent, insinuant, persuasif, qui tenta de procurer une puissante Couronne au grand & fameux Prince que tu chérissois si justement, & qui l'auroit emportée sur son auguste Concurrent, si tant d'obstacles que la force & le voisinage rendirent invincibles, n'eussent pas arrêté les infaillibles effets de la plus adroite & de la plus heureuse négociation qui pût annoncer un grand homme.

Souviens-toi, prens soin de leur raconter l'histoire des tristes conférences de Gertruydemberg, éternellement odieuses, rompues avec indignation; plus heureusement suivies de celles d'Utrecht; & pour leur inspirer une idée vive & frappante de la grandeur, de la dignité dont il sut revêtir les démarches & les avances les plus mortifiantes, dis-leur en quel état tu te voyois réduite, par les decrets immuables du Roi des Rois, qui devoit des revers & des adversités à LOUIS LE GRAND, & qui destinoit ce Monarque si puissant & si respectable à convaincre l'Univers autrefois consterné de son bonheur, que les malheurs les plus cruels & les plus accablans, loin d'ébranler & de faire succomber un courage aussi chrétien qu'héroïque, ne servent qu'à lui procurer de nouveaux triomphes, & qu'à mettre le comble à sa gloire.

Mais quelle épineuse, quelle redoutable situation pour un Ministre chargé de terminer une guerre sanglante & funeste, avec des ennemis avides & superbes; avec ce concours étonnant de Plénipotentiaires de la plus grande partie

tie des Puissances de l'Europe, dont chacune avoit ses prétentions différentes, & vouloit que tout leur fût sacrifié!

Comment sortir d'un pareil cahos? quels efforts pourront modérer, borner, concilier des intérêts si divers & si compliqués? des intérêts soutenus avec tant de hauteur, avec tant d'opiniâtreté?

N'en desespérons point: tout se rend possible aux esprits transcendans. Les difficultés les plus effrayantes, les obstacles les plus rebutans, les prétentions les plus déraisonnables, les propositions les plus insultantes, disparoissent enfin devant des génies mâles & puissans, & cédent insensiblement aux ressorts d'un art imperceptible, qu'une adroite & profonde politique a formé pour eux, & qu'ils sont seuls capables de pratiquer: & cet art aussi salutaire qu'admirable, qui jamais le posséda mieux? qui jamais le rendit plus utile à sa Patrie, que le Cardinal de Polignac?

Au milieu de cette foule de Prétendans, également animés à s'agrandir de nos débris, loin de balancer, de s'intimider, de se décourager, il ose représenter à la France encore en état de se relever, & de faire ressentir à ceux qui veulent l'accabler, qu'elle n'est jamais plus puissante, plus redoutable, plus féconde en ressources & en miracles, que lorsqu'on a la vaine audace de présumer qu'on peut pénétrer & se fixer dans son sein.

Il prouve que cette brave, que cette intrépide noblesse qui fut toujours la principale force de ce puissant Royaume, est plus déterminée qu'elle ne le fut jamais, à laver tous nos affronts dans le sang ennemi, & à punir le dessein téméraire de forcer la France à recevoir docilement & servilement la loi de ceux à qui elle l'imposoit depuis si long-temps; que ses Peuples, tout aussi jaloux de la gloire & de la grandeur de leur patrie, ne peuvent soutenir l'idée d'une paix flétrissante, & qu'ils n'aspirent qu'à sacrifier les restes de leur fortune, leur vie même, s'il faut l'exposer, pour réparer des pertes qui les ont consternés, mais qui ne les ont point abattus ; qu'ils semblent proposer eux-mêmes de nouvelles impositions, malgré le triste état où la disette les réduit, & qu'ils courent en foule offrir à leur grand Monarque le tribut volontaire de leur zéle & de leur amour.

Enfin il peint la France toute semblable à l'ancienne Rome, inépuisable, infatigable, indomptable, plus grande que jamais dans le malheur même, & par ce portrait si vif & si pathétique des nouveaux prodiges dont elle est capable, heureusement & vivement appuyé de deux illustres Collégues, & plus efficacement encore des continuels & puissans offices d'une grande Reine, dont l'ambition n'aspiroit plus qu'à nous procurer la paix & qu'à rendre sa mémoire éternellement précieuse à la France, il force insensiblement les barrieres impénétrables qu'on opposoit à ses négociations, après les avoir soutenues & prolongées aussi long-temps que notre infortune l'exigeoit, pour préparer quelque événement salutaire ; il parvint à leur faire prendre une forme si favorable, que si nos Ennemis ont la hardiesse de les rompre, toute la faute, toute la haine en retombera sur eux ; qu'ils pourront être justement accusés d'avoir voulu tout sacrifier à leurs prétentions exorbitantes; que les François, tout fatigués qu'ils sont d'une guerre si longue & si malheureuse, reprenant enfin de nouvelles forces, ne respireront plus qu'une prompte & juste vengeance, & que même quelques-uns des Alliés écoutant nos offres, feront bien-tôt disposés à se séparer de ceux qui ne veulent rien entendre.

Dès que le Cardinal de Polignac entrevoit tous les heureux effets qu'on peut espérer de cette situation, il prend un ton plus ferme encore & plus décisif : ses Collégues l'imitent : tous trois parfaitement d'intelligence, tous trois sagement concertés, ils s'emparent imperceptiblement de cet ascendant si utile

& si nécessaire pour imposer aux Ennemis les plus arrogans, & pour les réduire à des conditions raisonnables. Dès-lors le Cardinal de Polignac se livre à toute sa véhémence, il offre, il refuse, il sépare, il unit, il céde, il retient, & dans le sein même de l'adversité & de l'humiliation il est ferme, il est haut, il est imposant, & paroît plûtôt Arbitre & Médiateur, que Ministre d'un Prince qui demande la Paix.

Dans la plus grande vivacité des Conférences d'Utrecht, conjoncture pour nous aussi douloureuse que délicate, un événement non moins heureux qu'imprévu, reléve notre courage & la gloire de nos armes. La fameuse expédition de Denain si sagement concertée, si secrettement préparée, si courageusement exécutée, fournit de nouveaux traits au Cardinal de Polignac. Il s'en sert en grand homme; il n'est plus sur la défensive, il semble attaquer; il ne veut plus souffrir qu'on exige de nous des conditions trop dures & trop odieuses, il se borne à proposer fièrement ce que nous voulons bien céder ; & par des sacrifices devenus indispensables pour laisser enfin respirer l'Europe, les Espagnes & les Indes sont assurées pour toujours à l'auguste Petit-fils de LOUIS LE GRAND. La France renaît, la France redevient elle-même ; & sa Rivale, sa Rivale obstinée, cette Maison non moins superbe qu'ambitieuse, qui regardoit le Royaume de Naples, le Duché de Milan, les Pays-Bas, comme un objet indigne de lui être offert, est réduite à cette part d'une succession immense, à laquelle une Ligue jalouse & formidable avoit voulu qu'elle osât prétendre, fiere de toutes les forces de l'Europe réunies pour elle, & conjurées en faveur d'un droit chimérique, contre un droit juste, incontestable, évident, que la Providence elle-même a pris soin de maintenir, à l'éternelle confusion de tant de Puissances qui vouloient le sacrifier à leur intérêt, à leur haine & à leur jalousie.

Que de merveilles je pourrois dire encore du Cardinal de Polignac, si je pouvois entrer dans tous les détails intéressans de ses diverses négociations à la Cour de Rome, où son ardeur de briller & de se rendre utile le conduisit, dès qu'il eut passé le temps de briller sur les bancs litigieux de la plus fameuse Ecole de Théologie qui soit dans la Chrétienté ! c'est à cette Cour qu'il fit ses premiers essais politiques, desquels on eut promptement lieu d'augurer qu'il étoit né pour être un grand homme d'Etat. Et dans quelle Cour pouvoit-il trouver des Juges plus subtils & plus clair-voyans ?

Rome & la France étoient brouillées alors, malgré l'intérêt pressant qu'elles auront toujours de vivre ensemble dans une parfaite union.

Les suites de cette fatale mesintelligence causerent bien-tôt à l'Europe agitée, des maux dont quelques-uns durent encore.

L'humeur inflexible du Pape Innocent XI. dont je suis obligé de respecter la mémoire, avoit seule produit ces sinistres événemens.

Le Cardinal de Polignac, tout jeune qu'il étoit, se comporta dans cette conjoncture si difficile, si délicate & si dangereuse, sut parler, agir, s'entremettre avec tant de prudence, d'adresse & de dextérité, que le Pape Alexandre VIII. successeur d'Innocent XI. chargea le jeune Négociateur d'apporter en France un projet d'accommodement qu'il avoit ménagé, projet que la mort trop prompte de ce sage Pontife rendit inutile, à la vérité; mais que d'illustres, que de puissans amis, quelle brillante réputation ne laissa-t-il point à la Cour de Rome? Et qui peut ignorer avec quel éclat & quelle dignité il y a soutenu pendant ses dernieres négociations, les intérêts, le crédit & la gloire de son Maître, & quel ascendant il acquit dans cette Cour délicate, qui veut toujours l'avoir sur toutes les autres?

S'il dut à son génie heureux & transcendans

cendant la gloire si rare d'y passer pour un grand Ministre, il n'y brilla pas moins par sa vaste érudition, par l'excellence & la délicatesse de son goût, & par sa louable avidité d'y rechercher & d'y rassembler les restes les plus précieux de l'Antiquité; éternels monumens de la magnificence d'Athénes & de Rome, & de la perfection que tant de beaux Arts y avoient acquise; trésors inestimables dont il enrichit sa Patrie, pour lui fournir d'excellens & d'infaillibles moyens de connoître, d'imiter & d'égaler enfin ce que les Grecs & les Romains nous ont laissé de plus exquis.

J'ai peine à finir sur ce grand homme. A quel excès n'étendrois-je point son éloge, si je le représentois aussi profond Philosophe que parfait Négociateur; Poëte aussi sublime que profond Philosophe, mais Philosophe qui ne recherche & qui n'aime que la vérité, Poëte qui n'emploie son essor divin qu'à la défendre contre l'erreur & l'emportement, qui ne se rend l'émule de Lucréce que pour détruire ses sophismes, & qui ne lui ravit ses armes & toutes ses graces que pour dissiper les dangereux enchantemens de la pernicieuse doctrine d'Epicure ; doctrine follement renouvellée de nos jours par de prétendus esprits forts, estimés beaux esprits, dont tout le relief est une hardiesse imprudente, que des mœurs perverses & corrompues, soutenues d'une science superficielle & mal dirigée, sont seules capables d'inspirer !

Je le répéte, j'ai peine à finir l'éloge du Cardinal de Polignac. Ne devrois-je pas vous parler de l'inimitable Discours qu'il prononça le jour de sa réception ? chef-d'œuvre d'éloquence & d'esprit, qu'on ne peut ni trop louer, ni trop admirer. Il n'y a personne de nous, MESSIEURS, qui ne se souvienne des profondes réflexions qu'il y fait sur les decrets imprévus de la Providence, qui non-seulement ont placé sur le trône d'Espagne l'auguste Petit-fils de LOUIS XIV. mais qui nous prouvent & prouveront à la postérité, que Charles-quint, Philippe second, & leurs premiers Successeurs, n'ont travaillé que pour la gloire & la grandeur de la France, en croyant travailler aux dépens de cette Couronne pour la grandeur & la gloire de leur Maison. Qui jamais a mieux réfléchi, mieux parlé, que le Cardinal de Polignac?

Mais c'est trop m'étendre sur son sujet : quoiqu'il me paroisse inépuisable, quoique je ne me lasse point de le traiter, quoique je m'aperçoive qu'on se prête à mon zéle, il faut enfin l'avouer ingénument, je sens mon génie trop resserré pour une matiere qui n'a point de bornes ; d'ailleurs, plus je m'efforcerois de l'approfondir, plus je ferois renaître de regrets & de douleurs.

Aidez-nous, MONSIEUR, à nous consoler, s'il est possible que nous nous consolions ; au moins sommes-nous tous également persuadés que personne n'est plus capable que vous d'adoucir notre perte. Elle est irréparable, à la vérité, mais vous nous appottez de nouveaux tréſors qui contribueront à la diminuer.

Il eſt vrai, comme vous le dites vous-même avec cette aimable & modeſte ingénuité, compagne ordinaire d'un parfait mérite, que s'il vous eſt glorieux de vous voir parmi nous le ſucceſſeur d'un homme ſi célébre, cet honneur doit vous paroître bien dangereux.

Raſſurez-vous, Monsieur, il l'eſt moins pour vous que pour tout autre, & le choix unanime de l'Académie eſt une preuve auſſi éclatante qu'infaillible, de la haute opinion qu'elle a de vous, & qui ſera glorieuſement confirmée par tous ceux qui vous connoîtront.

Prenez donc ici votre place avec toute la confiance que nous vous inſpirons, & ne craignez plus que le Public puiſſe ſoupçonner, ne dites plus vous-même que vous ne devez cette place qu'au glorieux Emploi dont vous étes chargé.

Ou ſi vous lui étes redevable en quelque sorte d'une distinction si flatteuse pour tout homme de Lettres, croyez avec nous qu'il n'y a contribué qu'en ce qu'il vous a mis en droit d'exiger de notre attention, qu'elle se fixât sur vous comme sur un excellent sujet, qui devoit nous offrir toutes les qualités que nous desirons dans ceux que nous voulons associer à nos exercices.

La douceur de votre caractére, la délicatesse de votre esprit, la vaste étendue de votre érudition, qui joint à toutes les graces & à toutes les finesses de notre Langue la plus profonde connoissance des Lettres Grecques & Romaines; tant d'autres raisons que je pourrois citer, & dont je fais grace à votre modestie, tout vous donnoit des droits légitimes sur nos suffrages.

Et quand même nous n'aurions pas si bien connu vos justes prétentions, l'Emploi que votre mérite & vos vertus vous ont procuré, ne suffisoit-il pas pour inspirer en votre faveur les plus avantageux préjugés?

N'étoit-ce donc pas assez pour nous, MONSIEUR, de considérer que notre AUGUSTE PROTECTEUR, & que cet homme prodigieux, honoré de toute sa confiance, & qui semble renaître tous les jours pour la mériter de plus en plus par les merveilles continuelles de son ministére, vous ont choisi pour contribuer à l'éducation d'un Prince, objet si précieux de leurs soins & de leur attention ? Ne seroit-ce pas une sorte de crime que d'imaginer qu'un homme d'un mérite médiocre eût fixé leur choix, pour des fonctions si délicates & si importantes ? N'avons-nous pas les preuves les plus solides de la justesse de leur discernement, dans les qualités éminentes des personnes qu'ils ont préposées pour présider à l'éducation du plus auguste Éléve dont l'Europe se puisse glorifier ? Pouvoient-ils trouver deux plus excellens Maîtres, l'un pour perfectionner son cœur, & l'autre pour orner son esprit ?

Aussi que ne devons-nous point attendre d'un Prince si aimable, si charmant, doué par son heureuse & auguste Naissance de tous les dons qui peuvent satisfaire & justifier un jour l'amour ardent, l'attachement sans bornes des François pour leurs Souverains ! d'un Prince guidé par des mains si soigneuses de cultiver des fruits déja si beaux, & de les amener rapidement à leur maturité !

Quelle gloire pour vous, MONSIEUR, d'y contribuer si heureusement ! & quelle joie pour nous, d'avoir l'occasion de vous faire ressentir la tendre & vive estime dont nous sommes pénétrés pour ceux que leurs vertus éclatantes & leurs talens supérieurs appellent à cette Royale éducation !

L'Académie se fait toujours une gloire de leur rendre la justice qu'elle croit leur devoir, & d'adopter des Sujets qui travaillent sans relâche à former, à établir, à fixer les plus solides fondemens du bonheur & de la gloire de l'Etat.

Ce n'est pas d'aujourd'hui qu'elle a

prouvé son zéle à décorer sa liste des noms si recommandables de ces excellens hommes, & à couronner avec autant d'ardeur que de solemnité, des soins qui les rendent si chers aux bons François.

On a vû dans cette liste, & sans cesse on verra dans nos Annales, les noms fameux des BOSSUETS & des FÉNÉLONS. Quels hommes !

Encore aujourd'hui, quelle fameuse époque ! nous jouissons du plaisir inexprimable & de la gloire immortelle d'y voir le nom respectable du plus zélé, du plus habile, du plus sage & du plus heureux dépositaire de l'autorité suprême, à qui jamais Prince l'ait confiée, à qui jamais la France ait été plus redevable de tout ce qui peut la rendre heureuse & triomphante.

C'est lui, tout nous l'atteste, c'est lui dont l'ame aussi pure que magnanime, aussi vertueuse qu'éclairée, a fait germer dans l'auguste sein de notre Monarque toutes ces Royales qualités, si dignes compagnes d'un grand Potentat, si noble ornement du premier Trône de l'Univers.

C'est lui qui toujours attaché, toujours fixé sur ses pas, a fait son devoir unique, ses plus cheres délices, de nous préparer un Roi qui pût remplir toutes nos espérances, surpasser même notre attente & nos vœux, & qui non-seulement fût infiniment digne de l'amour de ses Sujets, mais de l'admiration, de l'estime & de la confiance de toutes les Nations ; un Roi non moins admirable par sa candeur, par sa droiture, par son équité, par sa douceur, par son extrême tendresse pour ses Sujets, que par tous les plus brillans attributs d'un parfait Monarque ; un Roi judicieux, infaillible, invariable dans ses choix ; essentielle qualité d'un grand Prince, qui sait discerner & chérir le mérite éminent, & qui, bien loin de le traverser dans son essor par une inconstance d'idées & de sentimens, l'encourage par une estime aussi persévérante que juste, à méditer, à concerter avec lui les plus grands projets, à faire éclorre du sein d'un secret impénétrable, des chef-d'œuvres de politique & de prudence, des prodiges qui nous étonnent & qui nous raviffent, des événemens merveilleux qui changent la face de l'Europe ; événemens qui femblent donner au Monarque des François le glorieux droit de diftribuer des Couronnes, de difpofer même de celle de l'Empire, qu'il pouvoit faire rentrer dans fon augufte Maifon, mais qu'il fe plaît à placer fur la tête d'un grand Prince fon allié, fon parent, fon ami, pour lui prouver à la face de tout l'Univers, que la France eft une amie auffi fidelle que puiffante, & que fon fage & vertueux Monarque n'a point de plus grande & de plus vive ambition que celle de favoir fe modérer & fe vaincre, jufqu'à facrifier l'intérêt le plus féduifant aux plus magnanimes efforts de la reconnoiffance.

Quel admirable triomphe ! quel effor divin d'une ame héroïque que le Ciel fe plut à former pour notre bonheur, que le Ciel se plut à rendre parfaite, lorsqu'il confia le soin glorieux de la cultiver, à l'homme le plus capable & le plus digne de hâter en elle l'accomplissement de ses favorables decrets !

Et cependant, MONSIEUR, cet homme si respectable, dont ma foible main vient de crayonner l'image, le dirai-je ? vous aurez desormais l'honneur inestimable de le compter au rang de vos Confreres, & ne craignez point qu'il s'en offense. Du haut degré de grandeur & d'autorité où ses vertus & le bonheur de la France l'ont fait monter, il ne dédaigne pas de jetter souvent sur l'Académie, & sur tous ceux dont elle est composée, les regards les plus attentifs & les plus favorables. Il s'intéresse à nos travaux, il nous honore de son estime; nous osons même nous flatter qu'il nous aime, parce qu'il est sûr de notre profonde vénération, de notre dévouement inviolable pour notre AUGUSTE PROTECTEUR, & qu'il s'est convaincu depuis très-long-temps, qu'être de l'Académie Françoise, & se faire une loi suprême d'aimer son Roi, ce sont deux attributs inséparables.

Vous en serez souvent témoin, MONSIEUR, si vos fonctions peuvent se concilier avec nos vœux. Pour peu qu'elles vous laissent le loisir de venir assister à nos exercices, vous y verrez les preuves les plus éclatantes de la réalité de ces sentimens, qui sans cesse ont régné dans cette célébre Compagnie, depuis le premier instant de son établissement, & qui deviennent tous les jours plus vifs en s'y perpétuant.

Vous vous y livrerez, sans doute, avec d'autant plus de zéle & d'empressement, que votre heureuse situation vous met à portée de voir, de connoître, d'admirer l'excellent PRINCE qui régne si glorieusement sur la France pour y répandre les plus douces influences dont le Ciel l'ait jamais favorisée, & ce puissant GÉNIE, ministre de ses volontés, modéle aussi rare, aussi nouveau que parfait, à qui l'Histoire n'offre rien de comparable, n'offrira jamais de supérieur, peut-être jamais rien d'égal.

Fin des Discours Académiques.

LE TOMBEAU
DE MONSIEUR
NÉRICAULT DESTOUCHES,
De l'Académie Françoise.

ÉLÉGIE.

Par Monsieur TANEVOT.

QUELLE main me conduit dans cette route sombre !
Près de ton monument guide mes pas, CHERE OMBRE,
Permets que j'y dépose & mon cœur, & ma foi.
Je me hâte, & je crains d'arriver jusqu'à toi.
Sous le poids de mes maux, faut-il que je succombe ?....
Que vois-je ? Quel prodige éclate sur ta tombe !
Elle semble répondre à mon frémissement,
Et ces marbres plaintifs marquent du sentiment.
Les Dieux de l'Achéron ne sont point inflexibles,
Ils portent mon tribut à tes mânes sensibles.
Dans son affliction la fidelle Amitié,
Jusques dans les enfers trouvent de la pitié.

 Tout change, l'horreur fuit ; & de ces lieux funébres,
Un jour plus éclatant a percé les ténébres.
Quelle Divinité s'empare de mes sens !
C'est Apollon, c'est lui, je le vois, je le sens;

LE TOMBEAU, &c.

Sa lumiere soudain se répand dans mon ame,
Il échauffe mon cœur de sa céleste flamme.
Une Lyre s'échappe & vole dans mes mains,
Je la saisis. Du Dieu remplissons les desseins.

Ah, sous combien d'aspects, Disciple de Thalie,
Je puis te contempler dans le cours de ta vie!
La sage Politique éclaira ton printemps,
Et t'assura bien-tôt des succès importans.
Digne Agent de ton Roi, tes vastes connoissances
Unirent avec lui de jalouses Puissances.
Cher aux Maîtres * du Monde, admis à leurs plaisirs,
Tu sûs par tes talens captiver leurs desirs.
Les Graces, les Amours par un nouveau mystere
Aux plus heureux succès guidoient ton ministere,
Et ta Muse sans fard, du sein des voluptés,
Aux accords de son Luth dictoit tous les traités.

Cependant les neuf Sœurs, toujours tes Souveraines,
Voulant te rappeller dans tes charmans domaines,
Offroient à ton esprit le doux chant des oiseaux,
L'ombrage des forêts, le murmure des eaux,
Des zéphirs caressans les haleines chéries,
Les vergers, les gazons, le parfum des prairies,
La fraîcheur du matin, le calme d'un beau jour,
L'innocence des mœurs d'un champêtre séjour,
Le loisir dont il flatte une veine fertile.
Que d'objets séduisans! quel attrait! quel asyle!
Tu pars, mais décoré, d'une commune voix,
Des lauriers immortels du Parnasse ** François,
Et laissant sur la Scène un nombre de merveilles,
Gage qui répondoit de tes futures veilles.

* L'Auteur a plusieurs fois entendu dire à M. Destouches, qu'il avoit eu le bonheur de plaire au Roi Georges premier, qui l'honoroit souvent de ses bontés.
** M. Destouches a été reçû à l'Académie Françoise en 1723.

L'attente fut remplie, & tes heureux travaux
L'enrichirent souvent de chef-d'œuvres nouveaux.
L'Amateur accourut, t'applaudit, & la France
Vit de son sein fécond naître encore un Térence.

Dieux ! quelle est de tes Vers la divine chaleur !
M'en occuper, CHERE OMBRE, amuse ma douleur ;
Et si ce souvenir me fait verser des larmes,
Dans leur écoulement je trouve mille charmes.
Je vois avec transport chez la Postérité,
Tes Écrits revêtus de l'immortalité.

Sous ces berceaux fleuris, d'éternelle structure,
Tu goûtes à présent un bonheur sans mesure.
Tu n'offris qu'un encens toujours pur, & les Dieux
Ont accordé ce prix à ton zéle pieux.

Mon nom, vivant par toi, volera sur tes aîles.
L'Amitié nous forma des chaînes éternelles.
Séparés pour un temps, nous serons réunis,
Mon sort partagera tes destins infinis.
Et terminant enfin une vaine carriere,
Je devrai mon éclat au Rival de Moliere.

Ton Art, & plus correct, & plus fidéle aux mœurs,
Sut en les respectant corriger nos erreurs,
Aux préjugés des Grands attacher ta censure,
Et faire à leur orgueil une vive blessure,
Tandis que la Vertu charmant tous les esprits,
Brille sous ton pinceau du plus beau coloris,
Et que tu fais régner dans un plan sympatique,
Et la saine Morale, & la force * comique.
Si ta Muse a cent fois ravi les Spectateurs,
On ne l'a pas moins vûe enchanter les Lecteurs;

* *Vis comica.*

Que les talens font beaux quand la Vertu les pare !
La Licence jamais de ton Vers ne s'empare.
Suivi fur le Théatre, & des Ris, & des Jeux,
Tu divertis toujours fans être dangereux ;
Et de ton efprit vif l'innocente faillie,
N'a point fouillé les dons de l'aimable Thalie.

L'honnête homme fe peint dans fes productions
Comme l'aftre du Jour dans fes brillans rayons.
Tes Drames précieux portent ton caractere.
Citoyen, tendre époux, fidéle ami, bon pere,
Par-tout on te retrouve, & tes plus beaux portraits,
De ton cœur, de ton ame, ont emprunté leurs traits.
Rien ne te fut jamais étranger que le vice,
Ou tu ne le connus que pour entrer en lice,
Le combattre & bien-tôt le terraffer... Mais quoi ?
Le Dieu qui m'agitoit fe retire de moi.
CHERE OMBRE, je te quitte, ainfi le veut ta gloire;
Je cours graver ces Vers au Temple de Mémoire.

Fin du dixiéme & dernier Tome.

APPROBATION.

J'AI lû, par ordre de Monseigneur le Chancelier, les Œuvres Dramatiques de M. Néricault Destouches; & je n'y ai rien trouvé qui puisse en empêcher l'impression. A Paris, le 16. Mars 1758.

Signé, GIBERT.

PRIVILEGE DU ROI.

LOUIS, par la grace de Dieu, Roi de France & de Navarre : A nos amés & féaux Conseillers, les Gens tenans nos Cours de Parlement, Maîtres des Requêtes ordinaires de notre Hôtel, Grand Conseil, Prévôt de Paris, Baillifs, Sénéchaux, leurs Lieutenans Civils, & autres nos Justiciers qu'il appartiendra, SALUT. Notre amé PIERRE PRAULT pere, Imprimeur & Libraire à Paris, Nous a fait exposer qu'il desireroit imprimer & donner au Public un Ouvrage qui a pour titre *Œuvres de M. Néricault Destouches,* s'il Nous plaisoit lui accorder nos Lettres de Permission pour ce nécessaires. A CES CAUSES, voulant favorablement traiter l'Exposant, Nous lui avons permis & permettons par ces Présentes de faire imprimer ledit Ouvrage autant de fois que bon lui semblera, & de le vendre, faire vendre & débiter par tout notre Royaume pendant le tems de *quinze* années consécutives, à compter du jour de la date des Présentes. Faisons défenses à tous Imprimeurs, Libraires, & autres personnes, de quelque qualité & condition qu'elles soient, d'en introduire d'impression étrangere dans aucun lieu de notre obéissance ; à la charge que ces Présentes seront enregistrées tout au long fur le Regiftre de la Communauté des Imprimeurs & Libraires de Paris, dans trois mois de la date d'icelles; que l'Impreffion dudit Ouvrage fera faite dans notre Royaume, & non ailleurs, en bon papier & beaux caractéres, conformément à la feuille imprimée, attachée pour modéle fous le contre-fcel des Préfentes; que l'Impétrant fe conformera en tout aux Réglemens de la Librairie, & notamment à celui du 10. Avril 1725; qu'avant de l'expofer en vente, le Manufcrit qui aura fervi de copie à l'impreffion dudit Ouvrage, fera remis dans le même état où l'Approbation y aura été donnée, ès mains de notre très-cher & féal Chevalier, Chancelier de France, le Sieur de Lamoignon; & qu'il en fera enfuite remis deux exemplaires dans notre Bibliothéque publique, un dans celle de notre Château du Louvre, & un dans celle de notre très-cher & féal Chevalier, Chancelier de France, le Sieur de Lamoignon: le tout à peine de nullité des Préfentes : du contenu defquelles vous mandons & enjoignons de faire jouir ledit Expofant & fes ayans caufes pleinement & paifiblement, fans fouffrir qu'il leur foit fait aucun trouble ou empêchement. Voulons qu'à la Copie des Préfentes, qui fera imprimée tout au long au commencement ou à la fin dudit Ouvrage, foi foit ajoutée comme à l'original. Commandons au premier notre Huiffier ou Sergent fur ce requis, de faire pour l'exécution d'icelles tous actes requis & néceffaires, fans demander autre permiffion, & nonobftant clameur de Haro, Charte Normande, & Lettres à ce contraires: CAR tel eft notre plaifir. DONNÉ à Verfailles le quatorziéme jour du mois d'Avril, l'an de grace mil fept cent cinquante-huit, & de notre Régne le quarante-troifiéme. Par le Roi en fon Confeil.

LE BEGUE.

Regiftré fur le Regiftre XIV. de la Chambre Royale des Libraires & Imprimeurs de Paris, n°. 334. fol. 300.

conformément aux anciens Réglemens confirmés par celui du 28. Février 1723. A Paris, le 21. Avril 1758.

P. G. LE MERCIER, Syndic.

www.ingramcontent.com/pod-product-compliance
Lightning Source LLC
Chambersburg PA
CBHW072019150426
43194CB00008B/1168